66 Checklisten für den Export

66 Checklisten für den Export

Praxisratgeber für erfolgreiche Auslandsgeschäfte

von
Hatto Brenner, **Burkhart Fuchs**,
Stefanie Gailler und **Matthias Sefrin**

unter Mitarbeit von
Anita Langenhagen

2., vollständig überarbeitete Auflage

Bibliografische Information der Deutschen Nationalbibliothek
Die Deutsche Nationalbibliothek verzeichnet diese Publikation in der Deutschen Nationalbibliografie; detaillierte bibliografische Daten sind im Internet über http://dnb.d-nb.de abrufbar.

Bundesanzeiger Verlag GmbH
Amsterdamer Straße 192
50735 Köln
Internet: www.bundesanzeiger-verlag.de

Weitere Informationen finden Sie auch in unserem Themenportal unter www.aw-portal.de

Beratung und Bestellung:
Gerburg Brandt, Isa Güleryüz
Tel.: +49 221 97668-173/357
Fax: +49 221 97668-232
E-Mail: aussenwirtschaft@bundesanzeiger.de

ISBN (Print): 978-3-8462-0751-2
ISBN (E-Book): 978-3-8462-0752-9

© 2017 Bundesanzeiger Verlag GmbH, Köln

Alle Rechte vorbehalten. Das Werk einschließlich seiner Teile ist urheberrechtlich geschützt. Jede Verwertung außerhalb der Grenzen des Urheberrechtsgesetzes bedarf der vorherigen Zustimmung des Verlags. Dies gilt auch für die fotomechanische Vervielfältigung (Fotokopie/Mikrokopie) und die Einspeicherung und Verarbeitung in elektronischen Systemen. Hinsichtlich der in diesem Werk ggf. enthaltenen Texte von Normen weisen wir darauf hin, dass rechtsverbindlich allein die amtlich verkündeten Texte sind.

Herstellung: Günter Fabritius
Produktmanagement: Carina Brachter
Lektorat: Annett Mohnert
Satz: Cicero Computer GmbH, Bonn
Druck und buchbinderische Verarbeitung: Appel & Klinger Druck und Medien GmbH, Schneckenlohe
Titelabbildung: © fotomek – Fotolia

Printed in Germany

Vorwort

Motivation, Kommunikation und Information sind die Säulen eines erfolgreichen Exports.

Das Fachbuch „66 Checklisten für den Export" versteht sich als Ratgeber für mittelständische Unternehmen, die neu in den Exportmarkt einsteigen oder bereits bestehende Verbindungen ausbauen wollen.

Es hat sich zur Aufgabe und zum Ziel gesetzt, in Form von *„Check-Listen"* schnell und umfassend zu informieren, und soll als erste Orientierungshilfe beim Aufbau einer Exportabteilung und den dazugehörigen Maßnahmen dienen.

Die Checklisten sind übersichtlich angeordnet und beschäftigen sich mit den wichtigsten Fragen, die sich im Zusammenhang mit dem Begriff „Exportieren" ergeben können.

> **Sie können die im Buch enthaltenen Checklisten auch im AW-Portal als ausfüllbare Word-Dateien downloaden. Sie finden die Dateien unter:**
> www.aw-portal.de/checklisten.

Es wurde bewusst auf eine tiefgehende und detaillierte Darstellung verzichtet, da dies den Rahmen dieses Buches sprengen würde. Hier verweisen die Verfasser auf einschlägige Literatur im Fachhandel, z. B. „Erfolgreich exportieren", herausgegeben von Hatto Brenner und Anita Langenhagen, dass in 4. Auflage 2017 beim Bundesanzeiger Verlag erscheinen wird.

Hatto Brenner
Erlangen, im März 2017

Inhaltsverzeichnis

	Seite
Vorwort	5
Die Autoren	11

Checklisten I: Was ist vor der Exportentscheidung zu prüfen?

1:	Export – aber richtig	14
2:	Zielsetzung für Export	16
3:	Situationsanalyse vor Start von Exportaktivitäten	18
4:	Innerbetriebliche Voraussetzungen	20
5:	Die Vorbereitung der Exportmitarbeiter auf die Aufgaben der Exportabteilung und den Auslandseinsatz	24
6:	Exportvoraussetzungen	26
7:	Alleinstellungsmerkmal (USP) überzeugend formulieren	28

Checklisten II: Welche exportvorbereitenden Maßnahmen sind einzuleiten?

8:	Systematische Vorbereitung und Abwicklung von Exportgeschäften	32
9:	Informationsbeschaffung	35
10:	Informationsstellen und deren Leistungsangebot	37
11:	Marktauswahl	41
12:	Kultur und Mentalität des Exportmarktes	44
13:	Export-Marketing	46
14:	Produktanforderung	49

Checklisten III: Wie ist der Export-Vertrieb zu organisieren?

15:	Vertriebsformen	54
16:	Zusammenarbeit mit einem „Reisenden"	58
17:	Zusammenarbeit mit einem „Auslandsvertreter"	60
18:	Zusammenarbeit mit einem Wiederverkäufer im Ausland (Importeur/Großhändler/ Eigenhändler, allgemein Distributor)	62
19:	Schulung von ausländischen Vertretern	64
20:	Zusammenarbeit mit ausländischen Vertriebspartnern	67
21:	Auslandsmessen – vielfacher Nutzen	69
22:	Risikoabsicherung	73
23:	Bonitätsprüfung von Auslandskunden	76

Inhaltsverzeichnis

Checklisten IV: Welche vertraglichen Besonderheiten sind zu berücksichtigen?

24: Formulierung eines Exportangebotes 80
25: Das kaufmännische Bestätigungsschreiben 83
26: Der Kaufvertrag 85
27: Der Eigentumsvorbehalt 88
28: Gerichtsstandsvereinbarung oder Schiedsgericht? 91
29: Schiedsklauseln (Muster) 95
30: Anwendung des UN-Kaufrechts bei Auslandsverträgen 98
31: Der Handelsvertretervertrag 100
32: Der Händler-/Wiederverkäufervertrag 107
33: Der Joint-Venture-Vertrag 110
34: Der Lizenzvertrag 113

Checklisten V: Welche Einzelmaßnahmen der Exportabwicklung sind zu beachten?

35: Abwicklung eines Exportauftrages 118
36: Kalkulation des Exportpreises 123
37: Risiko einzelner Zahlungsbedingungen 129
38: Formulierung exportbezogener Zahlungsbedingungen 132
39: Vorauskasse – überzeugende Argumente 137
40: Das Dokumentenakkreditiv 139
41: Das Dokumenteninkasso 144
42: Der Wechsel – ein Instrument der Forderungsabsicherung 146
43: Factoring 148
44: Forfaitierung 150
45: Blockierte Avalkreditlinien? Avalgarantie! 152
46: Garantien im Auslandsgeschäft 154
47: Einzug von überfälligen Kundenforderungen 157
48: Reklamationsbearbeitung 159
49: Die richtige Anwendung der INCOTERMS 161
50: Vorsicht bei der Kombination von Dokumentenakkreditiv und INCOTERMS 166
51: Preisverhandlungen unter Berücksichtigung von INCOTERMS 169
52: Die Importbestimmungen anderer Staaten – Vorsicht vor versteckten Zusatzkosten! 171

Checklisten VI: Außenwirtschafts- und Zollrecht

53: Die Handelsrechnung 174
54: Der CMR-Frachtbrief 176
55: Der Warenverkehr mit Drittländern – Ausfuhr 178
56: Das Carnet-TIR 182
57: Das zollrechtliche Ausfuhrverfahren 185
58: Der Warenursprung 188
59: Das Ursprungszeugnis 193
60: Präferenznachweise 196

Inhaltsverzeichnis

61: Die Lieferantenerklärung 199
62: Das Carnet-A.T.A. 203
63: Der Warenhandel innerhalb der Europäischen Union 207
64: Der Warenverkehr mit Drittländern – Einfuhr 211
65: Ursprungszeugnis Form A/REX 215
66: Exportförderprogramme 217

Anhang

Top-Internetadressen für das Auslandsgeschäft 223
Stichwortverzeichnis 229

Die Autoren

Hatto Brenner

Dipl.-Wirtsch.-Ing. Hatto Brenner ist seit ca. 30 Jahren geschäftsführender Gesellschafter eines international tätigen Beratungsunternehmens.

Hatto Brenner verfügt über eine ausgeprägte Fachkompetenz sowohl aus seiner langjährigen Praxiserfahrung in leitenden Positionen international tätiger Unternehmen als auch aus seiner Beratungstätigkeit im Rahmen internationaler Projekte. Über die von ihm gegründeten Beratungsbüros in ca. 40 Ländern betreut er mittelständische Unternehmen nahezu aller Branchen bei der Erschließung von Auslandsmärkten.

Als Präsidiumsmitglied in exportbezogenen und mittelstandsorientierten Organisationen und Fachverbänden im In- und Ausland vertritt er die Interessen deutscher Unternehmen. Als Organisator und Referent von exportorientierten Seminaren gehört er hier zu den führenden Anbietern in Deutschland. Darüber hinaus informiert er als Autor und Herausgeber praxisbezogener Fachliteratur auf breiter Basis über die Rahmenbedingungen einer erfolgreichen Außenhandelstätigkeit.

Burkhart Fuchs

Burkhart Fuchs war 40 Jahre als Exportmanager in namhaften mittelständischen Unternehmen der Textilindustrie in Deutschland und der Schweiz tätig. In dieser Funktion hat er neben Europa schwerpunktmäßig Nordamerika, Südostasien, China, Japan, Australien und Neuseeland bereist. Durch seine umfassenden Marktkenntnisse und weltweiten Kundenkontakte wurden in verschiedenen Unternehmen Exportabteilungen erfolgreich auf- und ausgebaut.

Seit der Gründung vor 15 Jahren ist er als ständiges Mitglied im Exportleiterkreis des IHK-Verbundes Mittelhessen engagiert.

Die Autoren

Stefanie Gailler

Stefanie Gailler ist geschäftsführende Gesellschafterin bei der bav Bremer Außenwirtschafts- und Verkehrsseminar GmbH (www.bav-seminar.net). Die bav GmbH bietet Seminare, Inhouse-Trainings, Consulting, Audits und Interim-Management für Unternehmen im Außenhandel an. Frau Gailler ist Diplom-Finanzwirtin (FH) und Steuerberaterin. Ihr Beratungsschwerpunkt liegt in den Bereichen Warenursprung und Präferenzen, Zolltarif, Exportkontrolle und Umsatzsteuer.

Vor ihrer Tätigkeit als Dozentin und Beraterin hat sie die Zoll- und Exportkontrollabteilung eines Maschinenbauunternehmens geleitet. Nach ihrem Studium in der Zollverwaltung war sie mehrere Jahre im Zollamt Bremerhaven, einem der größten Zollämter Deutschlands, beschäftigt. Damit verfügt sie über praktische Erfahrung auf beiden Seiten. Sie ist zudem Autorin zahlreicher Veröffentlichungen zum Zoll- und Außenwirtschaftsrecht.

Matthias Sefrin

Betriebswirt (VWA) Matthias Sefrin ist seit Dezember 2009 Inhaber der Firma ForTraC Foreign Trade Consulting GmbH mit Standorten in Berlin/Brandenburg und Hamburg. Die Firma übernimmt für kleine und mittelständische Exporteure die Dokumentenerstellung unter Akkreditiven und die komplette Abwicklung von Akkreditiven.

Matthias Sefrin ist Bankkaufmann und Betriebswirt (VWA). Von 1988 bis 2009 war er für verschiedene Banken im gesamten Bundesgebiet im Auslandsgeschäft und speziell hier im Akkreditivgeschäft tätig.

Checklisten I: Was ist vor der Exportentscheidung zu prüfen?

1 Export – aber richtig

2 Zielsetzung für Export

3 Situationsanalyse vor Start von Exportaktivitäten

4 Innerbetriebliche Voraussetzungen

5 Die Vorbereitung der Exportmitarbeiter auf die Aufgaben der Exportabteilung und den Auslandseinsatz

6 Exportvoraussetzungen

7 Alleinstellungsmerkmal (USP) überzeugend formulieren

Sie können die im Buch enthaltenen Checklisten auch im AW-Portal als ausfüllbare Word-Dateien downloaden. Sie finden die Dateien unter: www.aw-portal.de/checklisten.

Checklisten I: Was ist vor der Exportentscheidung zu prüfen?

Checkliste 1: Export – aber richtig

▶ Definition

Der internationale Markt ist viel größer als der lokale Markt. Die Wachstumsraten auf vielen Auslandsmärkten übersteigen bei weitem die einheimischen Wachstumsraten. Es kann Firmen helfen, den Wettbewerbsvorsprung zu halten, den sie zu Hause benötigen, wenn sie im Ausland Konkurrenten treffen und sich mit ihnen messen müssen. Außerdem: Bei den Exporten kann Gewinn gemacht werden. Bitte beachten Sie:

- ▶ Bevor Sie ein Exportgeschäft anbahnen, sollten Sie sich im Rahmen einer qualifizierten Exportberatung einen internationalen Marketingplan erarbeiten. Der Plan sollte Ziele, Kosten und eventuell auftretende Probleme klar definieren.

- ▶ Der Export ist „Chefsache". Das Engagement des Spitzenmanagements sollte bei der Bewältigung der Anfangsschwierigkeiten der Exporttätigkeiten sichergestellt sein. Der Aufbau von Exportgeschäften bedeutet, auf mittlere und langfristige Sicht tätig zu werden – Anfangserfolge in den ersten beiden Jahren sind nicht zu erwarten.

- ▶ Exportgeschäfte sollten aufgebaut werden, wenn der lokale Markt boomt. Zu viele Firmen wenden sich dem Export zu, wenn das Geschäft auf dem Binnenmarkt zurückgeht. Das Exportgeschäft bedarf stetiger Aufmerksamkeit. Auch wenn das einheimische Geschäft sich wieder erholt, sollte der Export nicht vernachlässigt werden oder in eine zweitrangige Position zurückgedrängt werden.

- ▶ Es ist nicht davon auszugehen, dass eine im heimischen Markt gegebene Markttechnik und das hier gut verkaufte Produkt automatisch in allen Ländern erfolgreich sein werden. Jeder Markt muss separat behandelt werden, um den maximalen Erfolg sicherzustellen.

- ▶ Die Bereitschaft muss gegeben sein, Produkte zu modifizieren, um den Vorschriften oder kulturellen Präferenzen anderer Länder gerecht zu werden. Lokale Sicherheits- und Schutzbestimmungen sind ebenso zu berücksichtigen wie Importbeschränkungen.

- ▶ Genügend Sorgfalt sollte auf die Auswahl der ausländischen Vertriebspartner verwendet werden. Durch eine andere Sprache, andere Geschäftssitten und andere rechtliche Rahmenbedingungen wird das Auslandsgeschäft im Vergleich zum Geschäft im heimischen Markt deutlich erschwert. Ihre Vertriebspartner müssen in der Lage sein, Sie bei der Bewältigung dieser Probleme wirkungsvoll zu unterstützen.

- ▶ Drucken Sie Kundendienst-, Verkaufs- und Garantiemitteilungen in der betreffenden Auslandssprache. Zwar mag das Spitzenmanagement Ihres Vertriebspartners englisch sprechen, doch ist es unwahrscheinlich, dass alle Verkaufs- und Kundendienstangestellten dazu in der Lage sind.

- ▶ Stellen Sie von Anfang an den erforderlichen Kundendienst für Ihr Produktprogramm bereit. Ein Produkt ohne die notwendige Unterstützung durch Kundendienst kann sehr schnell den gewünschten Erfolg im Auslandsmarkt zunichtemachen.

Problemstellung

Mit der Exporttätigkeit sind vorher umfangreiche Kosten und Risiken verbunden. Jede Firma muss daher den möglichen Nutzen eines Auslandsgeschäftes mit dem erforderlichen Engagement abwägen.

Beispiel

Ein Unternehmen der Spielzeugindustrie startete Exportaktivitäten im französischen Markt. Um die Verbindung zu potenziellen Kunden herzustellen, beschäftigte man in Kehl einen Repräsentanten, der auch für verschiedene andere deutsche Firmen tätig war.

Nach zwei Jahren stellte man fest, dass die mit der Repräsentanz verbundenen Fixkosten in Höhe von bislang insgesamt 24.000 € zu keinem Erfolg geführt hatten. Das Unternehmen brach alle eingeleiteten Maßnahmen wieder ab.

Checkliste

Export – aber richtig		Notizen
Marketingplan	Ziele (Definition)	
	Kostenanalyse	
	Marktanalyse	
Chefsache		
Unterstützung durch	Geschäftsleitung	
	Produktmanagement	
	Controlling	
Auswertungen	Marktanalyse	
	Produktauswahl	
	Budget	
Kundendienst		

Checkliste 2: Zielsetzung für Export

▶ Definition

Mit dem systematischen Auf- und Ausbau von Auslandsgeschäften sollten qualitative wie auch quantitative Ziele definiert werden.

Ohne die Definition eines realistisch erscheinenden Ziels wird der Erfolg jeglicher unternehmerischer Tätigkeit – auch die der systematischen Erschließung von Auslandsmärkten – i. d. R. spürbar beeinträchtigt. Mit der Festlegung eines Zieles werden zusätzliche Kräfte mobilisiert, die dazu führen, dass bei einem zielorientierten Vorgehen mehr erreicht wird als bei einer „ziellosen" Vorgehensweise.

❓ Problemstellung

Häufig sind insbesondere mittelständische Unternehmen zu sehr ins Tagesgeschäft eingebunden und haben kaum Zeit für grundsätzliche zielbezogene Überlegungen. Darüber hinaus macht der rasche weltwirtschaftliche Wandel die Formulierung von Unternehmenszielen sehr schwer.

⚙ Beispiel

Ein Hersteller von hochwertigen Sportartikeln plant, dass der Auslandsumsatz fünf Jahre nach dem Start der Auslandsmarktbearbeitung die heutige Höhe des Inlandsumsatzes erreicht haben soll.

✅ Checkliste

Definieren Sie die qualitativen Ziele für Ihr Exportgeschäft:

Zielsetzung für Export – qualitative Ziele		Notizen
Wachstum	a) Stagniert der heimische/europäische Markt? b) Gibt es Wachstumschancen z. B. in Asien und Lateinamerika?	
Kapazitätsauslastung	Ist durch zusätzliche Verkäufe ein höherer bzw. weniger stark schwankender Beschäftigungsgrad erreichbar?	
Kostendegression	Ergibt sich eine positive Verteilung der Kosten für Forschung und Entwicklung?	
Risikostreuung	Kann die Abhängigkeit von der Konjunkturentwicklung des heimischen Marktes reduziert werden?	

Zielsetzung für Export – qualitative Ziele		Notizen
Produktlebenszyklus	a) Kann die Produktlebensdauer auf anderen Märkten verlängert werden, bei Änderungen des Verbraucherverhaltens auf dem heimischen Markt? b) Kann die Produktlebensdauer auf anderen Märkten verlängert werden, bei technologischer Weiterentwicklung auf dem heimischen Markt?	
Marktpräsenz	Wie kann potenziellen Mitbewerbern der Markteinstieg erschwert werden?	
Image	a) Wie kann das internationale Image Ihres Unternehmens aufgebaut bzw. gestärkt werden? b) Wie kann der internationale Auftritt für den heimischen Markt genutzt werden?	
Gewinn	Sind auf den internationalen Märkten höhere Gewinnmargen zu realisieren?	

Formulieren Sie die quantitativen Exportziele für Ihr Exportgeschäft:

Zielsetzung für Export – quantitative Ziele	Notizen
Welche Produkte sollen abgesetzt werden?	
In welchen Märkten sollen die Produkte abgesetzt werden?	
In welchem Zeitraum sollen die Produkte abgesetzt werden?	
Mit welchem Volumen sollen die Produkte abgesetzt werden?	

Weitere Hilfen

Es ist möglich, sich an der Exportquote der eigenen Branche zu orientieren. Liegen die eigenen Exportumsätze unter dem Branchendurchschnitt, sollten Maßnahmen geplant werden, um z. B. innerhalb von fünf Jahren den Branchendurchschnitt zu erreichen.

Checklisten I: Was ist vor der Exportentscheidung zu prüfen?

Checkliste 3: Situationsanalyse vor Start von Exportaktivitäten

▶ Definition

Für die Vorbereitung und Abwicklung von Exportgeschäften ist eine Reihe von Rahmenbedingungen zu erfüllen, die im Zusammenhang mit einer Entscheidung für das Exportgeschäft zu untersuchen sind.

❓ Problemstellung

Üblicherweise ist von der Entscheidung, im Export tätig zu werden, bis hin zum ersten tragfähigen Liefergeschäft mit einem Zeitaufwand von mindestens eineinhalb bis zwei Jahren zu rechnen. In dieser Zeit muss eine Reihe von Maßnahmen abgewogen bzw. eingeleitet werden, die neben persönlichen Ressourcen auch erhebliche Mittel binden.

⚙ Beispiel

Für den Verkauf von Lebensmittelspezialitäten aus Bayern nach Japan benötigte die japanische Seite zwei Jahre, um innerbetrieblich zu entscheiden, dass man grundsätzlich am Import dieser Produkte interessiert ist.

Weitere zwei Jahre vergingen mit Vertragsverhandlungen. Bis zur Aufnahme der Lieferung vergingen erneut zwei Jahre.

✅ Checkliste

Situationsanalyse vor Start von Exportaktivitäten		Notizen
Exporterfahrung	In welchem Umfang liegen bereits Erfahrungen im Auslandsgeschäft vor?	
Produktpalette	Sind die Produkte und Leistungen hinsichtlich Qualität, Haltbarkeit, Verpackung, Kundendienst usw. tatsächlich exportfähig?	
Produktion	Sind freie Kapazitäten vorhanden? Sind Produktionsausweitungen möglich?	
Finanzwesen	In welchem Umfang stehen Mittel für den Aufbau des Exportgeschäftes zur Verfügung?	
Organisation	Wie ist die Eignung der vorhandenen Mitarbeiter (Qualifikation, Sprache, Exporttechnik)?	

Situationsanalyse vor Start von Exportaktivitäten 3

Situationsanalyse vor Start von Exportaktivitäten		Notizen
Binnenmarkt	Welche Absatzchancen sind mittel- und langfristig für die eigenen Produkte zu erwarten?	
Auslandsmärkte	Auf welchen Märkten bestehen Absatzchancen für das Produktprogramm? Welche Märkte scheiden z. B. aus politischen oder geografischen Gründen prinzipiell aus?	

Diese Situationsanalyse wird oftmals auch als SWOT-Analyse bezeichnet, wobei mit

▶ Strengths and Weaknesses eine interne Analyse gemeint ist und unter

▶ Opportunties und Threats eine externe Analyse verstanden wird.

Weitere Hilfen

Der Besuch von exportorientierten Grundlagenseminaren, die z. B. von nahezu allen deutschen IHKs angeboten werden, ist zu empfehlen.

Checkliste 4: Innerbetriebliche Voraussetzungen

▶ Definition

Bestimmung der internen Möglichkeiten für einen Einstieg in den Export. Es ist zu prüfen, ob eine Administration aufgebaut werden kann, die die Abwicklung von Exportgeschäften durchführt, ob ausreichende Kapazitäten für einen Zusatzumsatz vorhanden sind und ob das Produkt den Erfordernissen des Exportmarktes angepasst werden kann.

❓ Problemstellung

- Abschluss von Exportverträgen ohne Absicherung der damit verbundenen Risiken
- falsche Einschätzung von Absatzmöglichkeiten in einem neuen Markt aufgrund mangelnder und unzureichender Informationen
- Die Problematik der oftmals langen Anlaufzeit wird unterschätzt, damit auch die Frage der Kosten.
- Länderspezifische Importbestimmungen bzw. Beschränkungen werden nicht oder nur unzureichend beachtet.
- Vorherige Beratung von Banken, Handelskammern etc. wird nicht genügend in Anspruch genommen.
- Liefer- und Zahlungsbedingungen werden nicht genau definiert.
- nur geringe Kenntnisse über Vertreter bzw. Importeur vorhanden
- Sitten und Gebräuche des Auslandsmarktes werden unzureichend oder falsch eingeschätzt.
- Das Produkt ist nicht an die Anforderungen des Exportlandes angepasst.
- Die Verträge mit dem Handelsvertreter sind nicht eindeutig formuliert.
- Die interne Organisation und Qualifikation der Mitarbeiter für die Abwicklung von Exportaufträgen ist unzureichend.

⚙ Beispiel

Eine Firma, die im Inland fast ausschließlich auf dem Filtrationssektor tätig ist, erhält eines Tages eine Anfrage aus Ägypten. Nach Abgabe eines Angebotes wird ein größerer Auftrag erteilt. Die Firma unterhält bisher keine eigene Exportabteilung und liefert die Ware auf der Basis „Kasse gegen Dokumente", wie vom Kunden vorgeschlagen. Es liegen keinerlei Auskünfte und Informationen über den Kunden vor und so liefert man nach dem Motto „Es wird schon gut gehen …".

Man hat jedoch im Auftrag übersehen, dass eine Klausel vom Kunden vorgegeben wurde, nach der 15 % des Rechnungswertes erst nach Einbau der Filteranlage und Gutbefund gezahlt werden. Die Dokumente werden eingelöst, aber nach einigen Wochen reklamiert der Kunde, dass die zugesagten Filtrationsparameter, wie in den technischen Beschreibungen angegeben, nicht erreicht werden. Man wünscht entweder die Rücknahme der Ware (mit hohen Kosten verbunden), komplette Ersatzlieferung oder droht den Einbehalt der vereinbarten 15 % an. Da das Unternehmen nicht gewillt ist, einen Mitarbeiter zwecks Überprüfung vor Ort nach Ägypten zu schicken, verzichtet man schließlich auf die Restzahlung.

Fazit

Ein teurer Ausflug in die Welt des Exports, der bei genauer Vorbereitung sicherlich hätte vermieden werden können.

Checkliste

Innerbetriebliche Voraussetzungen			Notizen
Untersuchungsbereich	**Wichtige Faktoren**	**Bewertung im Hinblick auf den erfolgreichen Export**	
Produktion	Produktionskapazitäten	Der Absatz kann nur gesteigert werden, wenn freie Produktionskapazitäten zur Verfügung stehen.	
	Produktionskosten	Niveau bestimmt die preisliche Wettbewerbssituation	
Produkt	Produkteigenschaften	diese kritisch prüfen und mit den gesetzlichen Anforderungen des angezielten Auslandsmarktes wie Normen, Sicherheitsvorschriften, Lebensmittelgesetzen und Verbraucherschutz vergleichen	
	Ausfuhrfähigkeit des Produkts nach deutschem Recht	falls Produkt nach deutschem Recht ausfuhrfähig ist, ggf. Ausfuhrgenehmigung einholen	

Checklisten I: Was ist vor der Exportentscheidung zu prüfen?

Innerbetriebliche Voraussetzungen			Notizen
Untersuchungsbereich	**Wichtige Faktoren**	**Bewertung im Hinblick auf den erfolgreichen Export**	
Forschung und Entwicklung	Kapazität und Qualität der unternehmenseigenen Forschung und Entwicklung	diese kritisch prüfen und ggf. auf Wesentliches konzentrieren, um sich dem Wandel der Kundenanforderungen und den Erfordernissen des internationalen Wettbewerbs anpassen zu können	
Finanzen	Eigenkapital und Kreditspielraum	Finanzieller Spielraum ist Voraussetzung für die erforderliche Ausdauer beim Marktaufbau.	
	Selbstkosten und Gewinnspannen auf angezielten Auslandsmärkten	diese ermitteln, um festzustellen, ob der Preis der eigenen Produkte an den der Konkurrenz (= Marktpreis) angepasst werden kann	
Vertrieb und Marketing	Vertriebsorganisation im Ausland	Die Vertriebsorganisation im Ausland ist eine unabdingbare Voraussetzung für die erforderliche Durchdringung des Marktes; evtl. Handelsmittler einschalten.	
	Werbung, Verkaufsförderung, Öffentlichkeitsarbeit im Ausland	Dies sind Voraussetzungen, den Absatz der Produkte im Ausland in Gang zu bringen.	
	Vertriebskooperation mit anderen Herstellern	prüfen, um Vertriebskosten zu senken	

Innerbetriebliche Voraussetzungen			Notizen
Untersuchungs-bereich	**Wichtige Faktoren**	**Bewertung im Hinblick auf den erfolgreichen Export**	
Organisation	sachgerechte Aufteilung der Kompetenzen, Existenz eines Organigramms	als Voraussetzungen für Wirksamkeit und Schnelligkeit von notwendigen Entscheidungen für das Exportgeschäft	
Personal	Anzahl und Eignung des Personals für Exportaktivitäten	geeignetes Personal mit sachgerechten Fähigkeiten, wie Kenntnissen im Exportvertrieb, in Welthandels- oder den Landessprachen, in der Technik der Auftragsabwicklung und mit Verhandlungsgeschick als Voraussetzungen für den Exporterfolg	

Andere Lösungsmöglichkeiten

Sollte der finanzielle Aufwand nach Meinung der Geschäftsführung für den Aufbau einer eigenen Exportabteilung nicht gerechtfertigt erscheinen, besteht die Möglichkeit, auf externe Beratungsbüros zurückzugreifen. Sie sind auf den Export spezialisiert, um die gewünschten Serviceleistungen zu erbringen. Kostenvergleich!

Checkliste 5: Die Vorbereitung der Exportmitarbeiter auf die Aufgaben der Exportabteilung und den Auslandseinsatz

▶ Definition

Basis für eine dauerhafte und erfolgreiche Gestaltung einer eigenen Exportabteilung, die die Weichen für eine nachhaltige und zukunftsorientierte Umsatzsteigerung im Unternehmen stellen soll.

❓ Problemstellung

In vielen mittleren Unternehmen, die Export betreiben wollen, stellt sich grundsätzlich die Frage, ob es in der Firma eine qualifizierte Person für die Leitung der Exportabteilung bzw. für die Abwicklung von Exportgeschäften gibt oder ob diese Person erst eingestellt werden muss.

⚙ Beispiel

Eine Firma erhält einen Auftrag aus Saudi-Arabien zur Lieferung einer Entstaubungsanlage. Da das Unternehmen keine eigene Exportabteilung besitzt, wird die Abwicklung der Inlandsabteilung überlassen. Ein Mitarbeiter besitzt Grundkenntnisse in Englisch. Das Unternehmen benötigt diesen Auftrag dringend zur Kapazitätsauslastung wegen mangelnder Auftragslage und vereinbart als Zahlung „Kasse gegen Dokumente". Der Kunde in Saudi-Arabien verweigert aus nicht nachvollziehbaren Gründen die Aufnahme der Dokumente. Nach drei Monaten im Zolllager wird die Anlage meistbietend zu einem Bruchteil des ursprünglichen Preises vom Kunden ersteigert. Genaue Kenntnisse des Marktes und eine funktionierende Exportabteilung hätten diesen hohen Verlust vermieden.

✅ Checkliste

Die Vorbereitung der Exportmitarbeiter auf die Aufgaben der Exportabteilung und den Auslandseinsatz	Notizen
Wurde die Qualifikation der erforderlichen Mitarbeiter erfolgreich durchgeführt?	
Sind weitere Schulungen erforderlich?	
Sind die vorhandenen Sprachkenntnisse bei den Mitarbeitern ausreichend geprüft worden?	
Haben Sie festgestellt, ob Interesse an exportbezogener Weiterbildung besteht?	

Die Vorbereitung der Exportmitarbeiter auf ihre Aufgaben 5

Die Vorbereitung der Exportmitarbeiter auf die Aufgaben der Exportabteilung und den Auslandseinsatz	Notizen
Haben Sie die Teilnahme an nachstehend aufgeführten Exportseminaren mit den Mitarbeitern definiert? **Exportseminare:** ▶ allgemeine Exportpraktiken ▶ Exportfinanzierungen/Zahlungsbedingungen ▶ Zollformalitäten/Ursprungsregeln ▶ Förderprogramme (Seminarvorschläge der IHKs beachten!)	
Ist die vorhandene Kenntnis für die Abwicklung von Exportaufträgen geprüft worden?	
Haben Sie eine Bereitschaft zur Durchführung von Auslandsreisen feststellen können?	
Haben Sie die Zuständigkeiten und die Verantwortung einzelner Mitarbeiter bestimmt?	

Andere Lösungsmöglichkeiten

Man veranstaltet am Anfang hausinterne Exportseminare durch externe Berater, die auf diesem Gebiet bereits einschlägige Erfahrung haben, und lässt sich gleichzeitig eine Kostenanalyse für die Einrichtung einer Exportabteilung erstellen.

Checkliste 6: Exportvoraussetzungen

▶ Definition
Für den Aufbau und die Abwicklung erfolgreicher Exportgeschäfte sind teils innerbetriebliche, teils marktabhängige Exportvoraussetzungen zu prüfen, bevor mit der Bearbeitung eines gewählten Zielmarktes gestartet werden kann.

❓ Problemstellung
Ein komplexes Zusammenwirken von unterschiedlichen Anforderungen und Voraussetzungen, die einerseits mit dem eigenen Unternehmen zusammenhängen und andererseits vom Produkt, aber auch vom gewählten Zielmarkt abhängig sind, kann dazu führen, dass bestimmte Rahmenbedingungen übersehen werden, die für einen Exporterfolg erforderlich sind.

⚙ Beispiel
Ein Hersteller von Schulmöbeln startete mit der Bearbeitung des japanischen Marktes. Nachdem eine erste Musterkollektion dem japanischen Händler zur Verfügung gestellt war, ergab sich eine Reihe von Problemen, die darin begründet waren, dass die für deutsche Kinder üblichen Normmaße in Japan nicht gültig sind. Die erforderliche Produktanpassung verursachte Probleme in der Produktion, die ursprünglich nicht bedacht worden waren.

✓ Checkliste

Exportvoraussetzungen		Notizen
Produkt/ Produktion	▶ Sind ausreichende Fertigungskapazitäten vorhanden? ▶ Wie und in welchem Umfang ist das Produkt bzgl. Design und Qualität anzupassen? ▶ In welcher Form sollte das Sortiment zusammengestellt sein? ▶ Welche Normen und technischen Standards sind einzuhalten?	
Verpackung	▶ Welche gesetzlichen Vorschriften müssen berücksichtigt werden? ▶ Gibt es Vorschriften für die Etikettierung? ▶ Welchen Anforderungen muss die Verpackung genügen (Seetransport usw.)?	

Exportvoraussetzungen 6

Exportvoraussetzungen		Notizen
Versand	▶ Welche Versandart ist zu bevorzugen (See, Land Luft)? ▶ Welche alternativen Transportwege stehen zur Verfügung? ▶ Welche Transportmittel sind erforderlich? ▶ Welche Termine sind einzuhalten?	
Rechtliche Aspekte	▶ Gibt es Ausfuhrvorschriften, wie z. B. Ausfuhrverbote oder mengenmäßige Beschränkungen? ▶ Welche Einfuhrvorschriften bestehen im Importland, wie z. B. Einfuhrverbote, genehmigungsbedürftige Einfuhren, einfuhrlizenzpflichtige Waren? ▶ Welche Produkthaftungs-Vorschriften bestehen (z. B. USA)?	
Risikobetrachtung	▶ Wurde die Bonität des Kunden geprüft? ▶ Welches Länderrisiko ist gegeben (Länderrating)? ▶ Können bestehende Risiken versichert werden?	
Finanzierung	▶ Welche Zahlungsbedingungen können durchgesetzt werden? ▶ Welche Zahlungsziele sind üblich? ▶ Gibt es staatliche Finanzierungshilfen?	

Andere Lösungsmöglichkeiten

Die Überprüfung der Exportvoraussetzungen erübrigt sich z. T., wenn der Export über ein in Deutschland ansässiges Exporthaus erfolgt.

Weitere Hilfen

▶ Informationen über GTAI

▶ Exportberater

▶ zuständige Industrie- und Handelskammer bzw. Handwerkskammer

▶ Informationen von den zuständigen Fachverbänden[1]

---

1 Ausführliche Informationen hierzu finden Sie im Anhang.

Checkliste 7: Alleinstellungsmerkmal (USP) überzeugend formulieren

▶ Definition

Im Rahmen eines fortschreitenden Wachstums des internationalen Warenaustausches ist es für den Exporteur in zunehmendem Umfang schwieriger, dem Kunden Produkte und Leistungen zu bieten, die sich durch einen deutlichen Wettbewerbsvorteil auszeichnen. Es ist daher erforderlich, dass der Hersteller mit einem klar formulierten Alleinstellungsmerkmal (Unique Selling Proposition – USP) deutlich zum Ausdruck bringt, wie sich sein Angebot vom Wettbewerb markant abhebt.

Bei diesem „USP" kann es sich einerseits um einzigartige Eigenschaften eines Produktes handeln mit deutlichen Vorteilen gegenüber der Konkurrenz. Ein derartiges Alleinstellungsmerkmal kann einerseits mit dem Produkt verbunden sein in Form eines einzigartigen Nutzens; andererseits kann ein derartiges Alleinstellungsmerkmal aber auch mit der Marke verbunden sein, die der Hersteller geschaffen hat, um sich emotional gegenüber dem Wettbewerb abzuheben.

Die Kaufentscheidung eines Kunden wird deutlich von dem vom Kunden tatsächlich wahrgenommenen Nutzen (Kundennutzen) beeinflusst. Unter Wettbewerbsbedingungen entscheidet sich ein Kunde immer für den Anbieter, der ihm den höchsten von ihm tatsächlich wahrgenommenen Nutzen bietet. Neben den produktrelevanten Einflussgrößen des Kundennutzens wie z. B. Preis, Produktgestaltung, Garantien, Lieferbedingungen, Zahlungsbedingungen usw. wird der Kundennutzen auch von unternehmensrelevanten Kriterien wie z. B. Marke, Referenzen, Vertrieb beeinflusst.

❓ Problemstellung

Vielfach versäumen es deutsche Unternehmen, das Alleinstellungsmerkmal ihres Unternehmens bzw. ihres Produktprogramms in ausreichendem Umfang zu kommunizieren. Insbesondere beim Aufbau von Auslandsgeschäften lassen sich potenzielle Kunden in ausländischen Zielmärkten zunächst sehr stark von den kommunizierten Nutzenvorstellungen beeinflussen.

Die Frage ist: Hat das deutsche Unternehmen seine Alleinstellungsmerkmale in ausreichendem Umfang z. B. im Internet dargestellt, ist der Internetauftritt in der deutschen und in der englischen und auch in der Fassung des ins Auge gefassten Zielmarktes (z. B. Russland) dargestellt?

⚙ Beispiel

Der Inhaber eines russischen Fachhandelsunternehmens macht eine Internetrecherche bzgl. der von deutschen Herstellern angebotenen Klimaschränke.

Er wählt nach einer Recherche von vier Firmen diejenige Firma aus, die in ihrem russischsprachigen Internetauftritt dem potenziellen Kunden einerseits den höchsten

Alleinstellungsmerkmal (USP) überzeugend formulieren 7

Produktnutzen anbietet, zum anderen aufgrund der Firmendarstellung großes Vertrauen in die Leistungsfähigkeit der Firma weckt.

✓ Checkliste

Alleinstellungsmerkmal (USP) überzeugend formulieren	Notizen
1. Haben Sie im Internetauftritt Ihres Unternehmens folgende Hinweise berücksichtigt, um potenziellen Kunden einen höchstmöglichen Nutzen anzubieten (Alleinstellungsmerkmal Ihres Unternehmens)?	
▶ Was macht Ihr Unternehmen einzigartig?	
▶ Wo liegen Ihre besonderen Stärken?	
▶ Wo können Sie sich von anderen Mitbewerbern vorteilhaft abheben?	
▶ Welche bestehenden oder zukünftigen Geschäftsfelder können Sie aufgrund Ihrer Stärken besser als Ihre Mitbewerber bedienen?	
▶ Welche Stärken sind für Ihre Kunden mit einem besonderen Nutzen verbunden?	
▶ Wie kann Ihr Kunde von der Qualifikation Ihrer Mitarbeiter profitieren?	
▶ Welche Vorteile hat Ihr Kunde aus der Tradition Ihres Unternehmens?	
▶ Wie wirkt sich der Standort Ihres Unternehmens auf Ihre kundenorientierte Leistungsfähigkeit aus?	
▶ Von welchen Exporterfahrungen Ihres Unternehmens kann der Kunde profitieren?	
2. Haben Sie in diesem Zusammenhang folgende produktorientierte Sachverhalte geprüft und glaubhaft dargestellt (Alleinstellungsmerkmal Ihres Produktprogramms)?	
▶ Art der innovativen Technologie	
▶ Umweltfreundlichkeit	
▶ Design	
▶ Zertifizierung nach den landesspezifischen Anforderungen	
▶ Benutzerfreundlichkeit	
▶ Servicefreundlichkeit	
▶ überdurchschnittliche Gewährleistung	

Checklisten I: Was ist vor der Exportentscheidung zu prüfen?

Alleinstellungsmerkmal (USP) überzeugend formulieren	Notizen
▶ Image- und Statusgewinn	
▶ Sicherheit	
▶ Made in Germany	

Checklisten II: Welche exportvorbereitenden Maßnahmen sind einzuleiten?

8 Systematische Vorbereitung und Abwicklung von Exportgeschäften

9 Informationsbeschaffung

10 Informationsstellen und deren Leistungsangebot

11 Marktauswahl

12 Kultur und Mentalität des Exportmarktes

13 Export-Marketing

14 Produktanforderung

Sie können die im Buch enthaltenen Checklisten auch im AW-Portal als ausfüllbare Word-Dateien downloaden. Sie finden die Dateien unter:
www.aw-portal.de/checklisten.

Checkliste 8: Systematische Vorbereitung und Abwicklung von Exportgeschäften

▶ Definition

Mit der Entscheidung, Geschäftsverbindungen zum Ausland aufzunehmen, bis hin zur Lieferung bzw. zum Zahlungseingang ist eine Reihe von Maßnahmen zu planen und systematisch abzuwickeln.

? Problemstellung

Misserfolge bei der Anbahnung von Auslandsgeschäften kommen häufig dann vor, wenn der Unternehmer zu schnell und unsystematisch mit seinen Produkten in einem bisher unbekannten Markt Fuß fassen möchte. Dieses Vorgehen ist dann oft Ursache für kostspielige und vermeidbare Fehler. Immer wieder ist zu beobachten, dass

- ▶ Auslandsaufträge angenommen werden, ohne sich gegen die hiermit verbundenen Risiken ausreichend abzusichern
- ▶ aufgrund unzureichender Informationen die Absatzmöglichkeiten eines Landes über- bzw. unterschätzt werden
- ▶ die oftmals lange Anlaufzeit von Auslandsgeschäften und die hiermit verbundenen Anlaufkosten unterschätzt werden
- ▶ bei der Abwicklung von Aufträgen die Bestimmungen des Abnehmerlandes nicht berücksichtigt werden
- ▶ die ausländischen Absatzmittler (Handelsvertreter, Importeure usw.) nicht gründlich genug ausgesucht werden
- ▶ unzureichende vertragliche Vereinbarungen getroffen werden
- ▶ die Geschäftssitten und -gebräuche des Vertragspartners nicht ausreichend gewürdigt werden
- ▶ mögliche Hilfen von Banken, Kammern und Beratern überhaupt nicht oder verspätet in Anspruch genommen werden
- ▶ die von Staat und halbstaatlichen Stellen gebotenen Möglichkeiten der Exportförderungen nicht genutzt werden
- ▶ die Produkte nicht den Anforderungen des Auslandsmarktes angepasst werden
- ▶ die interne Organisation und Qualifikation der Mitarbeiter unzureichend ist für die Abwicklung von Exportgeschäften

⚙ Beispiel

Ein Hersteller von Sportartikeln, für die er auch in Japan einen interessanten Absatzmarkt sah, nahm Kontakt auf zu einem Großhändler in Tokio. Dieser zeigte großes Interesse, die Produkte des deutschen Herstellers im japanischen Markt einzuführen.

Es dauerte dann jedoch nahezu drei Jahre, bis der Großhändler mit seinen tatsächlichen Verkaufsaktivitäten in Japan startete. Eine Reihe von produktbezogenen Anforderungen war in der Zwischenzeit zu erfüllen. Die notwendige „Vertrauensbasis" wurde aufgebaut, indem verschiedene gegenseitige Besuche durchgeführt wurden usw. Mit einer derartigen langen Vorlaufzeit hatte der deutsche Exporteur nicht gerechnet.

Checkliste

Bedienen Sie sich in diesem Zusammenhang der abgebildeten Systematik, s. Abb. 1.

Sie gibt Ihnen eine zusätzliche Hilfestellung bei der Bearbeitung der nachfolgenden Fragen.

Systematische Vorbereitung und Abwicklung von Exportgeschäften	Notizen
Haben Sie eine Situationsanalyse vorgenommen?	
Haben Sie eine Zielsetzung für Ihre Exportgeschäfte vorgenommen?	
Haben Sie die erforderlichen innerbetrieblichen Voraussetzungen dafür geschaffen?	
Haben Sie eine Länderauswahl getroffen?	
Haben Sie geeignete Einstiegsmärkte festgelegt?	
Haben Sie eine Produktanpassung vorgenommen?	
Haben Sie den Aufbau geeigneter Vertriebswege eingeleitet?	
Haben Sie eine grundsätzliche Vertragsgestaltung für die verschiedenen Anwendungsgebiete in die Wege geleitet?	
Haben Sie geeignete Marketingmaßnahmen ausgewählt/eingeleitet?	
Haben Sie eine Absatzplanung für die ersten zwei Jahre erstellt?	

Weitere Hilfen

- ▶ Exportberater
- ▶ Industrie- und Handelskammer
- ▶ Fachverbände[2]

---

2 Ausführliche Informationen hierzu finden Sie im Anhang.

Checklisten II: Welche exportvorbereitenden Maßnahmen sind einzuleiten?

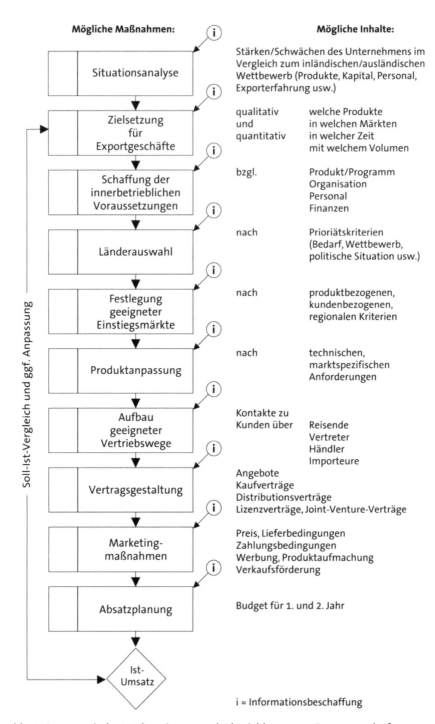

Abb. 1: *Systematische Vorbereitung und Abwicklung von Exportgeschäften*

Checkliste 9: Informationsbeschaffung

▶ Definition
Sie dient dazu, sich im Vorfeld bzgl. eines bestimmten Exportmarktes Zugang zu Quellen zu verschaffen, die bei der Anbahnung, Planung und Realisierung von Exportgeschäften hilfreich sind.

❓ Problemstellung
Diese Informationen müssen ständig aktualisiert werden, da sich kurzfristig politische, wirtschaftliche und handelstechnische Veränderungen ergeben können. Deshalb ist der Kontakt zu den vermittelnden Stellen sehr wichtig.

⚙ Beispiel
Eine Maschinenbaufirma erhält einen Auftrag aus Russland zur Lieferung von Ersatzteilen. Nachdem die Zahlungsmodalitäten etc. abgeklärt sind, wird der Versand vorbereitet und in Gang gesetzt. An der russischen Grenze wird der Lkw wegen fehlender Dokumente angehalten und tagelang nicht abgefertigt. Es stellt sich heraus, dass für eine Ersatzteillieferung eine spezielle Importlizenz vorhanden sein muss und zusätzlich eine Konformitätserklärung der SGS Control-Co. verlangt wird. Die nachträgliche Beschaffung dieser Dokumente ist mit einem enormen Zeitaufwand und hohen Kosten verbunden.

✅ Checkliste
Nachstehend eine Auswahl von Informationen, die vor dem Einstieg in einen ausländischen Zielmarkt untersucht werden sollten:

Informationsbeschaffung	Notizen
Haben Sie die Rahmenbedingungen hinsichtlich des politischen Systems, der Bonität des Landes, der Wirtschaftsordnung und möglicher Import-Restriktionen untersucht?	
Haben Sie die wirtschaftlichen Rahmenbedingungen wie BIP pro Kopf und Wirtschaftswachstum untersucht?	
Haben Sie die soziokulturellen Rahmenbedingungen wie das Verhalten gegenüber ausländischen Produkten und der Religion untersucht?	
Haben Sie die geografischen Rahmenbedingungen wie Bevölkerungszahl, Wachstum und Infrastruktur untersucht?	
Haben Sie die rechtlichen Rahmenbedingungen wie das Rechtssystem, den Beitritt zum UN-Kaufrechtsabkommen und die Anerkennung und Vollstreckung deutscher Urteile untersucht?	

Checklisten II: Welche exportvorbereitenden Maßnahmen sind einzuleiten?

Informationsbeschaffung	Notizen
Haben Sie die vertriebsbezogenen Rahmenbedingungen wie die Vertriebspartnertypen und die mögliche Abweichung gegenüber den deutschen Gepflogenheiten untersucht?	
Bestehen Handelsabkommen mit der EU?	

Weitere Hilfen

Ländervereine (z. B. Afrika-Verein etc.).[3]

---

[3] Ausführliche Informationen hierzu finden Sie im Anhang.

Checkliste 10: Informationsstellen und deren Leistungsangebot

▶ Definition

Für eine gesicherte Marktauswahl und eine zuverlässige Marktbearbeitung ist eine Fülle von Informationen notwendig, die zur Entscheidungshilfe beschafft werden müssen und die während des Prozesses der Marktbearbeitung immer wieder herangezogen werden müssen.

An guten Informationsmöglichkeiten besteht kein Mangel und häufig sind die gewünschten Informationen leichter und kostengünstiger zu beschaffen, als dies zunächst erscheinen mag.

❓ Problemstellung

Andere wirtschaftliche und politische Rahmenbedingungen, oftmals andere rechtliche Gegebenheiten, eine andersartige Mentalität bedingen eine Fülle auslandsmarktspezifischer Informationen für eine erfolgreiche Auswahl und eine zuverlässige Bearbeitung des Auslandsmarktes.

Aufgrund ungenügender Informationen werden oftmals Fehler begangen, die zu einem Scheitern im Auslandsmarkt führen.

⚙ Beispiel

Ein Hersteller von Blechbearbeitungsmaschinen belieferte über einen zwischengeschalteten Händler in Zürich den Schweizer Markt. Aufgrund einer langen vertrauensvollen Zusammenarbeit hatte man dem Händler ein Zahlungsziel von acht Wochen eingeräumt.

Nach der letzten Lieferung erhielt der deutsche Hersteller die Nachricht von einem Konkursverwalter in der Schweiz, dass über das Vermögen des Händlers Konkurs beantragt sei und er mit der Verwertung der Konkursmasse beauftragt sei.

Zwei von dem deutschen Hersteller gelieferte Maschinen seien nach seinen Unterlagen noch nicht bezahlt und der Hersteller möge bitte nachweisen, dass ein Eigentumsvorbehalt wirksam bestellt worden sei.

Der Hersteller übergab seine allgemeinen Geschäftsbedingungen, die u. a. einen Eigentumsvorbehalt vorsahen. Der Schweizer Konkursverwalter teilte mit, dass dieser Eigentumsvorbehalt in der Schweiz nicht gültig sei. Somit gingen die beiden noch nicht bezahlten Maschinen in die Konkursmasse. Der Verlust des deutschen Herstellers war beträchtlich.

Checklisten II: Welche exportvorbereitenden Maßnahmen sind einzuleiten?

☑ Checkliste

Informationsstellen und deren Leistungsangebot		Notizen
Industrie- und Handelskammern	Neben ihrem umfangreichen Dienstleistungsangebot für die Binnenwirtschaft bieten die deutschen Industrie- und Handelskammern speziell für den Außenhandel vielfältige Leistungen, Beratungen und Hilfestellungen an.	
Deutsche Handelskammern im Ausland	Bei den Auslandshandelskammern (AHKs) handelt es sich um freiwillige Zusammenschlüsse von inländischen und ausländischen Unternehmen zur Förderung des bilateralen Handels. Das Dienstleistungsangebot der AHKs ist stark bedarfsorientiert und umfasst annähernd den gesamten Bereich der Außenwirtschaft, wobei die Stärke der Auslandshandelskammern in der Kenntnis des betreffenden Marktes liegt.	
Germany Trade and Invest (GTAI)[4]	Die Gesellschaft für Außenwirtschaft und Standortmarketing ist eine Dienststelle des Bundesministeriums für Wirtschaft. Die GTAI bietet der deutschen Wirtschaft mit ihren zahlreichen gedruckten und elektronischen Informationsdiensten vielfältige – häufig branchenspezifische – Informationen.	
Ausländische Handelskammern	Ähnlich wie die deutschen Auslandshandelskammern im Ausland bieten auch die Industrie- und Handelskammern dieser Länder deutschen Exporteuren einen Auskunfts-, Beratungs- und Geschäftsvermittlungsdienst an. Anschriften dieser Kammern erhalten Sie von Ihrer IHK.	

---

4 Die Internetadresse finden Sie im Anhang.

Informationsstellen und deren Leistungsangebot 10

Informationsstellen und deren Leistungsangebot		Notizen
Ländervereine[5]	Mit Sitz in Hamburg und Berlin bieten vier unterschiedliche Ländervereine ihren Mitgliedern praxisnahe Hilfe beim Aufbau und bei der Abwicklung von Geschäften mit den betreffenden Ländern. Es handelt sich um den ▶ Afrika-Verein der Deutschen Wirtschaft e.V. ▶ OAV – German Asia-Pacific Business Association ▶ Lateinamerika Verein e.V. ▶ NUMOV – Nah- und Mittelost-Verein e.V.	
Ausstellungs- und Messe-Ausschuss der Deutschen Wirtschaft e.V. (AUMA)[6]	Auskünfte, Beratung über Auslandsmessen, Vorbereitung von Gemeinschaftsausstellungen	
Bundesverband der Deutschen Industrie e.V. (BDI)[7]	bietet speziell für den mittelständischen Unternehmer vielfältige Export-Service-Leistungen sowie Länderberichte und Analysen	
Bundesverband des Deutschen Exporthandels e.V. (BDEx)[8]	Marktbearbeitung, Finanzierung, Auftragsabwicklung und Service für Unternehmen, die ihre Produkte nicht selbst exportieren wollen	
Bundesverband Großhandel, Außenhandel, Dienstleistungen e.V. (BGA)[9]	Beratung und Unterstützung bei der Anbahnung und Abwicklung von Exportgeschäften, speziell auch mit Staatshandelsländern	
Deutsche Botschaften	sind in Ländern ohne deutsche Auslandshandelskammern bei der Kontaktanbahnung behilflich	

---

5 Ausführliche Informationen hierzu finden Sie im Anhang.
6 Die Internetadresse finden Sie im Anhang.
7 Ebd.
8 Ebd.
9 Ebd.

Checklisten II: Welche exportvorbereitenden Maßnahmen sind einzuleiten?

Informationsstellen und deren Leistungsangebot		Notizen
Handwerks-kammern	Einen speziellen Exportberaterservice für handwerkliche Betriebe bieten die Handwerkskammern in: Augsburg, Bayreuth, Berlin, Bremerhaven, Düsseldorf, Hamburg, Kaiserslautern, Koblenz, Mainz, Münster, Nürnberg, Regensburg, Saarbrücken, Stuttgart, Trier, Würzburg.	
Internationale Handelskammern (IHK und ICC[10])	Förderung des Welthandels in grundsätzlich allen Bereichen (Industrie, Handel, Dienstleistungen, Verkehr, Verkehrswesen, Bank- und Versicherungswesen usw.) durch Abbau von Handelsschranken, Förderung von Auslandsinvestitionen, Erarbeiten von Richtlinien zur vereinfachten Abwicklung von Verträgen, Zahlungen, Rechtsstreitigkeiten usw.	
Kreditinstitute	Länderberichte, Nachweis von Lieferanten, Abnehmern und Vertretern, Beratung über Finanzierung und Zahlungsabwicklung	
Speditionen	Länderberichte, Marktinformationen, Beratung über Verpackung, Transport, Zollabwicklung usw.	
Fachverlage	▶ **Bundesanzeiger Verlag GmbH** praxisnahe Fachliteratur und Know-how für Außenwirtschaft, Exportkontrolle und Zoll ▶ **Verlag Carl H. Dieckmann**, Hamburg ▶ **Wilhelm Köhler Verlag GmbH & Co.KG**, Minden	

Weitere Hilfen

Inzwischen gibt es eine Fülle von Informationsangeboten im Internet. Im Anhang finden Sie die „Top-Internetadressen für das Auslandsgeschäft".

---

10 Die Internetadresse finden Sie im Anhang.

Checkliste 11: Marktauswahl

▶ Definition

Da annähernd 200 Zielmärkte für den Aufbau von Auslandsgeschäften in Frage kommen und für eine erfolgreiche Auslandsmarktbearbeitung vielfältige unterschiedliche Rahmenbedingungen zu berücksichtigen sind, muss eine Vielzahl von Daten und Informationen systematisch erfasst und im Hinblick auf die definierten Ziele ausgewertet werden.

❓ Problemstellung

Oftmals sind es Entscheidungen „aus dem Bauch", die zur Bearbeitung eines bestimmten Marktes führen. Positive Informationen anlässlich einer Messeteilnahme, Hinweise von befreundeten Unternehmen oder „Geschäftstrends" veranlassen den Unternehmer, einen vermeintlich attraktiven Markt für den Aufbau von Geschäftsaktivitäten auszuwählen.

Erst zu spät wird festgestellt, dass bestimmte Rahmenbedingungen einen erfolgreichen Markteinstieg behindern, und mit der Aussage „Hätte ich das vorher gewusst" werden die hoffnungsvoll gestarteten Aktivitäten wieder gestoppt.

⚙ Beispiel

Ein namhafter Hersteller von Kosmetikprodukten wollte auch den „letzten weißen Fleck" in Westeuropa, den spanischen Markt, für sein Programm erschließen.

Eine vom Unternehmen durchgeführte Marktanalyse zeigte, dass einerseits genügend Kaufkraft und andererseits Bedarf für das Programm vorhanden war. Man begann mit dem Aufbau eines Vertriebssystems und stellte nach drei Jahren fest, dass das Programm nur einen äußerst geringen Anklang im Markt fand.

Wie sich herausstellte, führte die vom Hersteller verwendete Produktbezeichnung in Spanien zu Antipathien und einer eher ablehnenden Haltung der ins Auge gefassten Käuferschicht.

✅ Checkliste

Mit der Auswahl geeigneter Exportmärkte sollten zumindest nachfolgende Kriterien überprüft werden. Eine Gewichtung der einzelnen Kriterien von 1 bis 6 (von bestens geeignet bis ungeeignet) führt dann beim Vergleich verschiedener Märkte zu Abstufungen in der Rangfolge einzelner ins Auge gefasster Märkte.

Checklisten II: Welche exportvorbereitenden Maßnahmen sind einzuleiten?

Marktauswahl	Notizen
Welches sind die speziellen Eigenarten des fremden Marktes? ▶ politisches Risiko ▶ Religion, Sitten, Gebräuche ▶ rechtliche Besonderheiten ▶ Landes- und Geschäftssprache ▶ Währung ▶ Preisniveau und Wechselkurs ▶ geografische und klimatische Gegebenheiten ▶ Infrastruktur	
Gibt es hier einen Bedarf für das Produkt? ▶ Kaufkraft ▶ Nachfrageart und -menge ▶ Kaufmotive ▶ Kaufgewohnheiten ▶ Nachfragetendenzen	
Wie ist die Konkurrenzsituation? ▶ Konkurrenten ▶ Marktanteile und Marktstellung ▶ Absatzpolitik	
Welche Vertriebsmöglichkeiten stehen für das Produktprogramm zur Verfügung? ▶ Handelsvertreter ▶ Händler ▶ Importeure	
Welche Anforderungen muss das Produkt erfüllen? ▶ Qualität ▶ Verpackung Etikettierung Service ▶ Preis ▶ Liefer- und Zahlungskonditionen ▶ Ausfuhrvorschriften im Exportland ▶ Einfuhrvorschriften im Importland	
Welche Exportfördermaßnahmen werden von welchen Stellen angeboten? ▶ Exportberatung ▶ Messeförderung ▶ Exportkreditversicherung ▶ Exportkredite	

Andere Lösungsmöglichkeiten

Wenn das Unternehmen eine Marktbewertung bzw. Marktauswahl nach diesen Kriterien nicht vornehmen möchte, weil der hiermit verbundene Zeitaufwand evtl. zu hoch ist, besteht die Möglichkeit, die hiermit verbundene Arbeit entweder im Rahmen einer Studie bzw. Diplomarbeit durchführen zu lassen, auslandserfahrene Berater einzuschalten oder anlässlich des Besuchs von internationalen Messen die wichtigsten Beurteilungskriterien vor Ort zu überprüfen.

Weitere Hilfen

Länderinformationen über:

▶ GTAI[11]

▶ Auslandshandelskammern

▶ Fachverbände[12]

---

11 Die Internetadresse finden Sie im Anhang.
12 Ausführliche Informationen finden Sie im Anhang.

Checkliste 12: Kultur und Mentalität des Exportmarktes

▶ Definition

Kultur und Mentalität beschreiben die über Jahrtausende in geschichtlicher Überlieferung angeborenen und vererbten Verhaltensweisen eines Volkes.

❓ Problemstellung

Man sollte sich vor Kontaktaufnahme mit einem Geschäftspartner zuerst mit Kultur und Mentalität des Landes intensiv beschäftigen, um sich mit Verständnis und Sensibilität in den Denkstil des Gesprächspartners hineinversetzen zu können. Am Anfang jeder neuen Geschäftsbeziehung ist großes Einfühlungsvermögen erforderlich. Übersteigertes Selbstbewusstsein und das Herausstellen eigener kultureller und wirtschaftlicher Stärken und Errungenschaften sind unangebracht.

⚙ Beispiel

Sie reisen zum ersten Mal zu einem Geschäftsbesuch in die Türkei. Schon während der Fahrt ins Hotel ärgern Sie sich über den permanenten Stau auf den Straßen und machen Ihrem türkischen Partner laufend Vorschläge, wie man dieses Problem in den Griff bekommen könnte.

Mehr Geld solle man in die Infrastruktur stecken etc. Außerdem wäre unsere Organisation im Allgemeinen vielfach besser. Die Telefon- und Faxleitungen wären nie überlastet, jeder spricht Englisch usw. Sie hören nicht auf, die Türkei zu kritisieren, und merken dabei gar nicht, wie sehr Sie Ihren türkischen Geschäftspartner beleidigen, der stolz auf sein Land ist.

Fazit

Sie sind Gast des Landes – nicht umgekehrt. Sie wollen Ihre Produkte verkaufen. Vergessen Sie dabei nicht: Sie treten immer als Botschafter Ihres Landes und Ihrer Firma auf. Daraus resultiert: Ihr erster Auftritt ist entscheidend.

☑ Checkliste

Kultur und Mentalität des Exportmarktes	Notizen
Studieren Sie Religion, Sitten und Gebräuche vorher!	
Sind geschichtlich bedingte Beziehungen vorhanden?	
Besteht bereits ein kultureller Austausch (z. B. Goethe-Institut)?	
Sind politische Beziehungen auf Botschafter- oder Konsularebene vorhanden?	
Wie ist der Lebensstandard/das Bildungsniveau?	

Andere Lösungsmöglichkeiten

Kontaktieren Sie Ihre Hausbank (Ländernachrichten), besorgen Sie sich entsprechende Informationen über die IHK oder besuchen Sie ein „interkulturelles Seminar".

Weitere Hilfen

- Ansprechpartner in befreundeten Firmen, die bereits über entsprechende Erfahrung verfügen
- Fachinstitute, wie z. B. die Carl-Duisberg-Gesellschaft e.V.
- Fachbücher

Checkliste 13: Export-Marketing

▶ Definition

Unter Marketing versteht man alle Maßnahmen, die einzuleiten sind, um Kunden zu gewinnen und diese langfristig zu halten. Bei den für eine optimale Auslandsmarktbearbeitung benötigten Marketinginstrumenten handelt es sich um folgende:

- ▶ Produkt und Produktprogramm
- ▶ Preis und Konditionen
- ▶ Kommunikation
- ▶ Distribution

Die Kombination dieser vier Instrumente wird allgemein als Marketing-Mix bezeichnet. Prinzipiell muss dieser Mix für jeden einzelnen zu bearbeitenden Auslandsmarkt separat festgelegt werden.

❓ Problemstellung

Während man sich in den USA schon seit den 1920er-Jahren mit Zielen und Aufgaben des Marketings beschäftigte, begann man sich in Deutschland erst dann eingehender mit Marketing auseinanderzusetzen, als der Verkäufermarkt, der nach 1945 vorhanden war, sich allmählich ab 1960 in einen Käufermarkt wandelte.

Die Exportabteilung muss sich vor Aufnahme ihrer Tätigkeit eingehend mit den Aufgaben und Zielen des Export-Marketings beschäftigen und eine klare Vertriebsstrategie entwickeln. Je besser und intensiver die Vorbereitungen sind, desto weniger Enttäuschungen und Rückschläge gibt es später.

⚙ Beispiel

Eine Textilfirma auf dem Sektor Frottierwaren nimmt zum ersten Mal an einer Messe in Paris teil. Man hat keine Kosten und Mühen gescheut, um diesen ersten Auftritt in einem neuen Markt zu einem Erfolg zu machen, und zu diesem Zweck sogar Mannequins für eine eigene Modenschau engagiert. Leider stellt sich im Verlauf der Messe heraus, dass die Abmessungen der Handtücher nicht den französischen Maßen und die Größenschnitte nicht denen der französischen Konfektionsgrößen entsprechen. Auch die gezeigten Farben treffen nicht den Geschmack der französischen Kunden und werden als „typisch deutsch" beurteilt. Eine vorher durchgeführte Marketingstudie hätte diesen kostspieligen „Ausflug" nach Paris verhindert.

✓ Checkliste

Bei der marktspezifischen Festlegung der einzelnen Elemente des Marketing-Mix sind folgende Rahmenbedingungen und Einflussfaktoren zu berücksichtigen:

Export-Marketing		Notizen
Marketinginstrumente und deren Komponenten	**Je Zielmarkt sind zu prüfen**	
Produkt und Programm ▶ Qualität ▶ Produktgestaltung ▶ Markierung ▶ Verpackung Menge	▶ rechtliche Rahmenbedingungen (wie Umweltschutz- und Sicherheitsvorschriften) ▶ Klima ▶ Gebrauchs- und Verbrauchsgewohnheiten ▶ Wettbewerb	
Preis und Konditionen ▶ Verkaufspreis EXW Lieferkonditionen ▶ Zahlungskonditionen ▶ Lieferfrist ▶ Produktqualität	▶ auslandsspezifische Herstellkosten ▶ Exportsonderkosten ▶ länderspezifische Marktbearbeitungskosten ▶ Nutzenvorstellungen potenzieller Abnehmer ▶ Wettbewerbssituation	
Kommunikation ▶ Werbung ▶ Verkaufsförderung ▶ Öffentlichkeitsarbeit ▶ persönlicher Markt- und Kundenkontakt	▶ rechtliche und politische Rahmenbedingungen ▶ kulturelle und soziale Rahmenbedingungen ▶ demografische, geografische und ökonomische Rahmenbedingungen ▶ technisch-organisatorische Rahmenbedingungen	

Checklisten II: Welche exportvorbereitenden Maßnahmen sind einzuleiten?

Export-Marketing		Notizen
Distribution		

▶ Absatzwege
  – inländische
  – ausländische
▶ Verkaufsorgane
  – eigene
  – fremde
	▶ Größe und Art des Produktes
	▶ Größe und Art des Marktes
	▶ Wettbewerb	

Andere Lösungsmöglichkeiten

Das Unternehmen überträgt einem versierten Marketingbüro die Aufgabe, eine detaillierte Analyse über den zu beliefernden Exportmarkt zu erstellen.

Weitere Hilfen

Einschlägige Fachliteratur oder Seminare über Export-Marketing.

Checkliste 14: Produktanforderung

▶ Definition

Exportgüter sind im Inland hergestellte Produkte, die aufgrund folgender Merkmale Nachfrage im Ausland auslösen:

- ▶ Design
- ▶ Qualität
- ▶ technische Ausführung
- ▶ Preis

? Problemstellung

Nicht jedes im Heimatland bestens eingeführte und absetzbare Produkt ist für den Exportmarkt geeignet. Oftmals fehlt es an breiter Akzeptanz, technischen Voraussetzungen, die Preisvorstellungen sind andere, Importbeschränkungen oder Zollbarrieren verhindern den gewünschten Export.

⚙ Beispiel

Um hohe Entwicklungskosten in der Anfangsphase zu vermeiden, wird versucht, das für den Export vorgesehene Produkt in unveränderter Form auch im Ausland abzusetzen. Bei Artikeln des allgemeinen Konsumbedarfs, vornehmlich in den EU-Nachbarländern, ist dies u. U. möglich (z. B. Textilien). Bei technischen Produkten (elektrische Geräte, Maschinen) ist eine vorherige Prüfung der Vorschriften des Bestimmungslandes unbedingt erforderlich (z. B. in Großbritannien andere Stecker, Steckdosen und Spannung).

Zum Schutz ihrer Binnenmärkte erteilen einige Länder für bestimmte Produkte keine Importlizenzen. Diese werden i. d. R. mit deutlich niedrigeren Kosten und z. T. mit weniger Hightech im eigenen Lande hergestellt.

✓ Checkliste

Produktanforderung	Notizen
Besteht generell ein Bedarf für das Produkt im ausländischen Markt?	
Erfüllt das Produkt alle technischen Voraussetzungen, die in diesem Markt gefordert werden?	
Welche Anpassungen des Produktes an den Absatzmarkt sind erforderlich, abhängig von: ▶ Lebensstandard ▶ Kaufkraft ▶ Bildungs- und Ausbildungsniveau ▶ Gewohnheiten	

Checklisten II: Welche exportvorbereitenden Maßnahmen sind einzuleiten?

Produktanforderung	Notizen
▶ Wertvorstellungen ▶ staatlichen Vorschriften ▶ religiösen Verboten und Einflüssen ▶ technischen Normen ▶ gültigen Maßsystemen ▶ Klima ▶ Entfernungen ▶ Oberflächenbeschaffenheit ▶ Form ▶ Farbe ▶ Geruch ▶ Geschmack ▶ Verpackung ▶ Markierung ▶ Etikettierung ▶ Bedienungsanleitung ▶ Montageanleitung ▶ Servicefreundlichkeit ▶ Wartungs- und Reparaturdienst?	

Folgende Produktanforderungen sind beispielsweise zu beachten:

Produktanforderung – spezielle Anforderungen		Notizen
Bei der Ausfuhr von	**sind andersartige Daten zu berücksichtigen für**	
Elektrogeräten	▶ Stecker ▶ Spannung ▶ Sicherheitsvorschriften	
Kleidung	▶ Klima ▶ Konfektionsgrößen ▶ Geschmack ▶ Symbolgehalt von Farben	
Nahrungsmitteln	▶ Zusammensetzung ▶ Geschmack ▶ Haltbarkeit ▶ Verpackung ▶ Etikettierung	
Maschinen	▶ Ausbildungsniveau des Bedienungspersonals ▶ Verfügbarkeit von Energie ▶ Servicemöglichkeiten ▶ Normen	

Produktanforderung – spezielle Anforderungen		Notizen
Bei der Ausfuhr von	sind andersartige Daten zu berücksichtigen für	
Fahrzeugen	▶ Kaufkraft ▶ Wertbeständigkeit ▶ Straßenverhältnisse	
pharmazeutischen Produkten	▶ Arzneimittelgesetze ▶ Absatzwege	
Bei der Festlegung der	sind zu berücksichtigen	
Verpackung	▶ Eichgesetze ▶ Größe, Normen ▶ Form ▶ Schutzwirkung (Klima, Transport usw.) ▶ Deklarationsvorschriften ▶ Verbrauchergewohnheiten ▶ Symbolgehalt von Farben	
Markierung/ Etikettierung	▶ Schutz des Markenzeichens ▶ Lesbarkeit ▶ Aussprechbarkeit ▶ Vorschriften	
Bei der Gestaltung von	sind zu berücksichtigen	
Prospekten/ Bedienungs- anleitungen	▶ Symbolgehalt von Farben ▶ Verständlichkeit ▶ Einprägbarkeit	

Andere Lösungsmöglichkeiten

Bevor mit einem Produkt in den Auslandsmarkt gegangen wird, sollte vorher eine intensive Marktforschung und Marktbeobachtung stattfinden. Dazu sind geeignet:

▶ Marktforschungsinstitute

▶ Konkurrenzbeobachtung

▶ Messebesuche

Checklisten III: Wie ist der Export-Vertrieb zu organisieren?

15 Vertriebsformen

16 Zusammenarbeit mit einem „Reisenden"

17 Zusammenarbeit mit einem „Auslandsvertreter"

18 Zusammenarbeit mit einem Wiederverkäufer im Ausland (Importeur/Großhändler/Eigenhändler, allgemein Distributor)

19 Schulung von ausländischen Vertretern

20 Zusammenarbeit mit ausländischen Vertriebspartnern

21 Auslandsmessen – vielfacher Nutzen

22 Risikoabsicherung

23 Bonitätsprüfung von Auslandskunden

Sie können die im Buch enthaltenen Checklisten auch im AW-Portal als ausfüllbare Word-Dateien downloaden. Sie finden die Dateien unter:
www.aw-portal.de/checklisten.

Checkliste 15: Vertriebsformen

▶ Definition

Hierunter versteht man, über welche Vertriebsmöglichkeiten die Produkte in den verschiedenen Märkten angeboten und verkauft werden sollen. Dies kann von Land zu Land durchaus unterschiedlich sein, da die Voraussetzungen und Anforderungen für die Vermarktung ebenfalls variieren können und länderspezifisch festgelegt werden sollten.

? Problemstellung

Häufig ist es erforderlich, für die ausgewählten Auslandsmärkte andere als die in Deutschland üblichen Vertriebsformen zu wählen. Die Entscheidung für die bestgeeignete Vertriebsform ist abhängig von spezifischen Gegebenheiten des Auslandsmarktes, von der Art des Produktes und dem Budget, welches für die Auslandsmarkterschließung zur Verfügung steht.

❋ Beispiel

Ein großer deutscher Automobilhersteller startete mit der Bearbeitung eines südostasiatischen Marktes zunächst, indem er ein deutsches Exporthandelshaus mit den Vertriebs- und Serviceaktivitäten im Zielland beauftragte.

Nachdem festgestellt werden konnte, dass die Nachfrage im Zielmarkt sich deutlich ausweitete, wurde der Vertrag mit dem Exporthaus nicht verlängert und der Automobilhersteller wählte für die weitere Marktbearbeitung geeignete Fachhändler im Zielmarkt aus (direkter Export).

✓ Checkliste

Je nach den Bedingungen, die durch die Zielsetzung des Unternehmens, durch die Art des Produktes und durch die Gegebenheiten des Zielmarktes gegeben sind, ist die bestgeeignete Vertriebsform zu wählen:

Vertriebsformen		Notizen
1. Indirekter Export	▶ Vorvertrieb über ein inländisches Handelshaus, welches im ausländischen Zielmarkt vertreten ist	
2. Direkter Export	▶ Vertrieb direkt an ausländische Unternehmen/Kunden ▶ Vertrieb an Großhändler/Händler im Ausland	

Vertriebsformen		Notizen
	▶ Vertrieb an ausländische Importeure (für diese Vertriebsformen werden häufig Handelsvertreter/ Agenten oder eigene Reisende eingeschaltet)	
3. Lizenzvergabe	▶ Vertrieb über ausländische Lizenznehmer	
4. Joint Venture	▶ Vertrieb über ausländische Gemeinschaftsunternehmen (die ihrerseits Reisende oder Handelsvertreter einsetzen)	
5. Eigene Auslandsgesellschaft	▶ Vertrieb über eigene Reisende oder Handelsvertreter	

Zu 1. Indirekter Export

Vorteile

▶ Der Hersteller verkauft seine Produkte an einen inländischen Exporteur üblicherweise ohne Einschaltung eines Handelsvertreters.

▶ Es handelt sich um ein reines Inlandsgeschäft.

▶ keine Provisionszahlung an Vertreter

▶ geringeres Zahlungsrisiko

▶ keine eigene Exportabteilung notwendig

▶ Es entfällt die Kundensuche im Ausland.

▶ keine Finanzierung des Exportumsatzes notwendig

Nachteile

▶ kein Bezug zum Markt/Kunden

▶ keine Einflussmöglichkeiten auf die weitere Verkaufsentwicklung

▶ Zusatzgewinne bleiben beim Exporteur.

▶ Risiko des „Einmalgeschäftes" aufgrund mangelnder Marktinformation

▶ eigener Imageaufbau nicht möglich

Zu 2. Direkter Export

Vorteile

Der Hersteller verkauft seine Produkte direkt an den ausländischen Kunden, häufig unter Einschaltung eines Handelsvertreters oder Wiederverkäufers. Eine Kontrolle dieser Vertriebspartner ist daher jederzeit möglich. Außerdem besteht eine direkte Beziehung zum Absatzmarkt bzw. Abnehmer.

Nachteile

▶ Abwicklungsrisiko aufgrund der Betreuung vieler Kunden

▶ Aufbau einer eigenen Exportabteilung

▶ Vertriebsaufbau im Auslandsmarkt

▶ laufende Information über den Auslandsmarkt

Andere Lösungsmöglichkeiten

Exportkooperation

Häufig erscheint die Auslandsmarkterschließung für kleinere Firmen im Rahmen einer Exportkooperation sinnvoll. Folgende Argumente sprechen für eine derartige Kooperation:

▶ gemeinsame Durchführung von Marktstudien, Messen und Werbekampagnen

▶ gemeinsame Beschäftigung von Auslandsvertretern

▶ bessere Absatzchancen durch das „gebündelte" Exportsortiment

▶ kostengünstige Bearbeitung von Auslandsmärkten

Voraussetzungen für die Bildung funktionsfähiger Exportkooperationen sind:

▶ ergänzendes Produktsortiment, keine Wettbewerbssituation, ähnliche Unternehmensgrößen

▶ ähnlich gelagerte Marktinteressen

▶ Koordination der Gruppe durch einen externen Fachmann

Zu 3. Lizenzvergabe

Soweit sich der Export z. B. aus Kostengründen nicht lohnt, besteht die Möglichkeit, die Produktion im Wege der Lizenzvergabe auf ein im Ausland ansässiges Unternehmen zu übertragen. Hier wird also nicht das Produkt selbst exportiert, sondern normalerweise das patentrechtlich geschützte Know-how des Produzenten. Der ausländische Lizenznehmer erhält mit dem Lizenzvertrag das Recht, die Produktion und den Vertrieb des Lizenzproduktes in eigener Regie in einem oder in mehreren Auslandsmärkten durchzuführen. Als Gegenleistung zahlt er für die Laufzeit des Lizenzvertrages eine festgelegte Lizenzgebühr.

Zu 4. Joint Venture

Der deutsche Exporteur schließt sich mit einem oder mehreren Partnern im Zielland zusammen mit dem Ziel des gemeinsamen Produktvertriebs.

Viele Länder, insbesondere Entwicklungs- und Schwellenländer, erlauben den Import nicht oder nur in eingeschränktem Umfang. Hingegen gestatten sie ausländischen Unternehmen unter bestimmten Voraussetzungen die Gründung von Joint Ventures mit lokalen Partnern. Auf diese Weise ist es möglich, gemeinsam mit dem ausländischen Partner im Rahmen eines Joint Ventures die vom ausländischen Markt benötigten Produkte (zu produzieren und) zu vertreiben.

Zu 5. Eigene Auslandsgesellschaft

Neben dem direkten oder indirekten Export ist die Direktinvestition, d. h. die Gründung einer ausländischen Produktions- und Vertriebsstätte, die bedeutendste Alternative für ein Unternehmen, um Absatzmöglichkeiten im ausländischen Markt zu erschließen.

Üblicherweise wird die Gründung einer ausländischen Produktions- und Vertriebsstätte erst dann erwogen, wenn inzwischen umfangreiche Erfahrungen in diesem Markt gesammelt wurden.

Vorteile einer Auslandsniederlassung sind:

▶ Ausschalten von Voreingenommenheiten gegenüber „Importprodukten"

▶ Möglichkeiten zur Teilnahme an öffentlichen Ausschreibungen (sind häufig an das Vorhandensein eines Geschäftssitzes im betreffenden Land gebunden)

▶ größere Markt-/Kundennähe

▶ Umgehung von staatlichen Handelshemmnissen gegenüber Importprodukten

Checklisten III: Wie ist der Export-Vertrieb zu organisieren?

Checkliste 16: Zusammenarbeit mit einem „Reisenden"

▶ Definition
Es handelt sich normalerweise um einen Mitarbeiter der Auslandsfiliale oder der ausländischen Tochtergesellschaft.

❓ Problemstellung
Die mit dem Einsatz eines Reisenden verbundenen Kosten sind beträchtlich. Deswegen wird die Zusammenarbeit mit einem Reisenden häufig erst dann gewählt, wenn der ausländische Markt bereits entweder durch Wiederverkäufer oder Vertreter erschlossen wurde und nun eine „bessere" Betreuung der Kunden gewünscht wird.

💡 Beispiel
Aufgrund mangelnder eigener Ressourcen wird bei einem Markenartikelunternehmen der Lebensmittelbranche ein externer Reisender eingestellt. Am Anfang seiner Tätigkeit kommt es zu zahlreichen neuen Kundenverbindungen. Im Laufe der Zeit stellt man allerdings fest, dass Kunden sich darüber beschweren, dass sie von dem Repräsentanten des Hauses nicht mehr regelmäßig besucht werden, wie dies in dieser Branche üblich ist. Als Folge bleiben Aufträge im gewohnten Rahmen z. T. aus. Die internen Kontrollmaßnahmen haben offenbar versagt und müssen verbessert werden.

✓ Checkliste

Zusammenarbeit mit einem „Reisenden"	Notizen
Haben Sie geprüft, ob es sich bei dem möglichen Kandidaten um einen Reisenden handelt?	
Falls dies zutrifft, stellen Sie fest, ob die damit verbundenen Kriterien eines Reisenden erfüllt sind, d. h., handelt es sich ▶ um einen Angestellten? ▶ mit Arbeitsvertrag? ▶ der weisungsgebunden ist? ▶ der ein festes Gehalt bezieht (evtl. ebenfalls eine umsatzbezogene Gehaltskomponente)? ▶ der nur für ein Unternehmen tätig ist?	
Haben Sie die Vor- und Nachteile gemäß Auflistung geprüft?	

Vorteile

▶ eine aktive Marktbearbeitung

▶ Aufbau von persönlichen Kundenkontakten

▶ Eine hohe Transparenz des Marktes ist für den Exporteur gegeben.

Nachteile

- fixe Kosten (durch Gehalt, Erfolgsprovision und Spesen)
- mehrere Waren- und Rechnungsempfänger (Bonitätsprüfung, Inkasso)

Andere Lösungsmöglichkeiten

Anstelle eines eigenen Reisenden kann die Möglichkeit der Marktbearbeitung durch Handelsvertreter gewählt werden.

Weitere Hilfen

Externe Beratung.

Checklisten III: Wie ist der Export-Vertrieb zu organisieren?

Checkliste 17: Zusammenarbeit mit einem „Auslandsvertreter"

▶ Definition

(Auslands-)Vertreter (= Agenten) sind mit der Vermittlung bzw. dem Abschluss von Geschäften zwischen dem Hersteller und einem ausländischen Abnehmer beauftragt. Sie sind selbständige Kaufleute, die im Namen und auf Rechnung des Herstellers dessen Produkte im ausländischen Markt absetzen.

Neben ihrer primären Aufgabe, Geschäftsabschlüsse für den Hersteller zu vermitteln bzw. durchzuführen, sind Auslandsvertreter meist durch Vertrag zu einer Reihe von weiteren Leistungen verpflichtet, z. B. Marktinformationen zu sammeln, Ausstellungen vorzubereiten und durchzuführen oder die Kreditwürdigkeit von Abnehmern zu prüfen.

❓ Problemstellung

Da der Erfolg oder Misserfolg auch im Auslandsmarkt ganz im Wesentlichen von der Qualifikation des Auslandsvertreters mitbestimmt wird, muss seitens des Unternehmens die Suche und Auswahl eines geeigneten Vertreters sehr gut vorbereitet und sorgfältig durchgeführt werden. Häufig merkt man zu spät, dass man einen ungeeigneten Vertreter mit der Bearbeitung des Auslandsmarktes beauftragt hat.

⚙ Beispiel

Nachdem sich die Firma mit einem Bewerber geeinigt hat, beginnt dieser seine Verkaufstätigkeit in der Schweiz auf dem Bodenbelagssektor. Der Anfang ist durchaus erfolgversprechend, da sichergestellt ist, dass der neue Exportvertreter keine Konkurrenzprodukte vertritt. Es fällt allerdings eines Tages auf, dass verstärkt Angebote für Großobjekte zu Sonderpreisen verlangt werden. Da aus den vielfältigen Offerten nach monatelangen Verhandlungen und Versprechungen keine Aufträge realisiert werden, besucht der Exportleiter ohne Wissen des Vertreters einige Kunden selbst. Er stellt fest, dass der Vertreter inzwischen einen Mitbewerber vertritt, der wesentlich niedrigere Preise eingeräumt hat. Damit ist die Zusammenarbeit mit dem Vertreter beendet.

✅ Checkliste

Zusammenarbeit mit einem „Auslandsvertreter"	Notizen
Haben Sie geprüft, ob die nachfolgenden Kriterien auf Ihre Auslandsvertreter zutreffen?	
Vermitteln sie Geschäfte in fremdem Namen und auf fremde Rechnung?	
Sind sie für verschiedene Firmen tätig?	
Erhalten sie eine erfolgsbezogene Provision?	

Zusammenarbeit mit einem „Auslandsvertreter" 17

Zusammenarbeit mit einem „Auslandsvertreter"	Notizen
Sind sie weisungsgebunden?	
Werden sie oftmals für erklärungsbedürftige Produkte bzw. Produkte mit individuellen Ausgestaltungen eingesetzt?	
Verfügt der Vertreter über Ausstellungsräume/Auslieferungslager?	
Haben Sie sichergestellt, dass keine Wettbewerbsprodukte vertreten werden?	
Haben Sie eine Probezeit vereinbart?	
Haben Sie die Vor- und Nachteile gemäß Auflistung geprüft?	

Vorteile, die für einen freien Handelsvertreter sprechen

▶ umfassende Markt- und Kundenkenntnisse durch jahrelange Erfahrung

▶ aktive persönliche Marktbearbeitung

▶ direkte Kundenkontakte

▶ hohe Transparenz des Marktes für den Exporteur

▶ proportionale Kosten (x % Provision)

Nachteile

▶ Mehrere Firmen werden betreut.

▶ mehrere Waren und Rechnungsempfänger (Bonitätsprüfung, Inkasso)

Andere Lösungsmöglichkeiten

Es ist zu prüfen, ob eine eigene Tochtergesellschaft eine sinnvolle Alternative darstellt oder ob ein Generalimporteur für die Bearbeitung des Marktes beauftragt werden soll.

Weitere Hilfen

Externe Exportberater einschalten.

Checkliste 18: Zusammenarbeit mit einem Wiederverkäufer im Ausland (Importeur/Großhändler/ Eigenhändler, allgemein Distributor)

Definition

Diese Gruppe von ausländischen Vertriebspartnern wird dadurch charakterisiert, dass sie in eigenem Namen und auf eigene Rechnung vom Hersteller einkauft und im Zielland verkauft. Grundlage für die Abwicklung des Geschäftes ist der Vertrag, der zwischen dem Hersteller und dem Importeur/Großhändler/Eigenhändler, allgemein Distributor, abzuschließen ist.

Der Wiederverkäufer ist nicht weisungsgebunden und er legt seinen Verkaufspreis selbstständig fest.

Üblicherweise erfolgt der Einsatz für Serien- oder Massenartikel, für nicht erklärungsbedürftige Produkte oder wenn z. B. ein Service benötigt wird oder Lagerhaltung erforderlich ist.

Problemstellung

Abhängigkeit von einem „Kunden" (dem Wiederverkäufer), dadurch **Monopolstellung** des Abnehmers. Die direkte Einflussnahme auf den Verkauf ist nicht immer gegeben. Der Wiederverkäufer führt i. d. R. auch Konkurrenzprodukte.

Beispiel

Ein Unternehmen liefert seit Jahren Dekorationsmaterial exklusiv an ein englisches Warenhaus. Der Umsatz bleibt über Jahre relativ konstant, da die Bastelabteilung dieses Kaufhauses nur über eine gewisse Stammkundschaft verfügt, deren Bedarf sich in erster Linie an den Bastelaufgaben der Schüler orientiert.

Im Zuge einer von der Direktion des Kaufhauses verordneten Wertschöpfung der einzelnen Abteilungen des Hauses fällt die Dekorationsabteilung einer Sortimentsbereinigung zum Opfer. Der Kunde ist von einem auf den nächsten Tag verloren und die Lagerbestände beim Kunden müssen zu einem Sonderpreis abgerechnet werden. Doppelter Verlust für den Lieferanten, da die anderen Kaufhäuser sich aufgrund des Exklusivverkaufs seit Jahren mit Konkurrenzware eingedeckt haben.

✓ Checkliste

Zusammenarbeit mit einem Wiederverkäufer im Ausland (Importeur/Großhändler/Eigenhändler, allgemein Distributor)	Notizen
Haben Sie geprüft, welche Art des Wiederverkäufers gewählt werden soll? ▶ Importeur? ▶ Großhändler? ▶ Warenhaus? ▶ Versandhaus?	
Haben Sie die Vor- und Nachteile gemäß Auflistung geprüft?	

Vorteile eines Wiederverkäufers

▶ ein Waren- und Rechnungsempfänger

▶ geringes Zahlungsrisiko durch vorherige Absicherung (Vorauskasse, Bankgarantie, Akkreditiv o. Ä.)

▶ verfügt über viele Kundenkontakte

▶ im Markt flächendeckend vertreten

▶ verfügt i. d. R. über Ausstellungsräume und Auslieferungslager

▶ Service-Einrichtungen für den Endabnehmer vorhanden

▶ interessante Liefermengen für den Exporteur

Nachteile eines Wiederverkäufers

▶ nicht informationspflichtig gegenüber dem exportierenden Unternehmen

▶ geringe Kenntnis über die Kundenstruktur des Wiederverkäufers

▶ geringe Marktkenntnis für den Exporteur

Andere Lösungsmöglichkeiten

Die Möglichkeit prüfen, einen freien Handelsvertreter zu nehmen oder einen Reisenden zu engagieren.

Weitere Hilfen

Externe Beratung.

Checkliste 19: Schulung von ausländischen Vertretern

▶ Definition
Vorbereitung des Vertreters auf die Außendiensttätigkeit für das Unternehmen.

❓ Problemstellung
Eine zu kurze Vorbereitungsphase und Schulung im Haus führt unweigerlich dazu, dass der neue Handelsvertreter das Produkt seinen Kunden nur unzureichend erklären kann.

Die Notwendigkeit einer umfassenden Schulung wird bei Auslandsvertretern häufig durch die große geografische Distanz zwischen Hersteller und Vertreter beeinflusst, ebenfalls aber auch durch andersartige Gepflogenheiten im Zielmarkt, von anderen Nutzenvorstellungen, einer anderen Wettbewerbssituation usw. Der Hersteller unterstellt häufig, dass sich der ausgewählte Vertreter „quasi automatisch" auf diese Dinge einstellt. Man sollte jedoch nicht davon ausgehen, dass der ausländische Vertreter von sich aus entsprechende Verkaufsargumente (Produktvorteile, Produktnutzen und Preiswürdigkeit) erarbeitet und täglich im Kundengespräch verwendet. Diese Argumente müssen vom Hersteller formuliert und dann dem Vertreter sowohl im Rahmen der Schulung als auch nachfolgend möglichst in schriftlicher Form übermittelt werden.

⚙ Beispiel
Ein Hersteller von kosmetischen Produkten aus Franken hatte zeitgleich zwei Vertreter, einen in Nordportugal, einen anderen in Südportugal, unter Vertrag genommen. Aus Krankheitsgründen konnte der Vertreter in Südportugal nicht an der „Einführungsschulung" teilnehmen. Es stellte sich sehr schnell heraus, dass seine Verkaufsergebnisse deutlich hinter denen des nordportugiesischen Kollegen zurücklagen. Während der Vertreter in Südportugal im Wesentlichen Produkte und Preise erklärte, erläuterte der Vertreter in Nordportugal zunächst die Tradition und die Stärken des deutschen Herstellers und nannte Produktvorteile vor ähnlich gelagerten Wettbewerbsprodukten, stellte Nutzenargumente dar, benannte Referenzen usw. – Argumente, die während der Schulungsphase übermittelt worden waren.

☑ Checkliste

Schulung von ausländischen Vertretern		Notizen
Haben Sie eine speziell auf den Auslandsvertreter abgestimmte, quasi vierphasige Verkäuferschulung gemäß den nachfolgend beschriebenen einzelnen Phasen durchgeführt?		
1. Firmenspezifische Schulung	**Inhalt:** Stärken und Besonderheiten des Unternehmens wie z. B. Tradition, Firmenphilosophie, Art der Mitarbeiterführung, Erfolge in Entwicklung, vorhandene Patente, Umsätze und Exportanteil, Erfahrungen in bestimmten Auslandsmärkten, Maßnahmen der Qualitätskontrolle und Zertifizierung usw. **Ziel:** Der Vertreter soll in die Lage versetzt werden, potenziellen Kunden ein positives und abgerundetes Firmenbild zu übermitteln.	
2. Produktspezifische Schulung	**Inhalt:** Der Aufbau und die Funktionsweise des Produktes, Vorteile und Nachteile gegenüber Wettbewerbsprodukten. **Ziel:** Der Vertreter soll in die Lage versetzt werden, mit einem Argumentationskatalog für das eigene Produkt den potenziellen Kunden von den Vorzügen/Vorteilen des Produktes im Vergleich zu Wettbewerbsprodukten zu überzeugen.	
3. Marktspezifische Schulung	**Inhalt:** Besonderheiten einzelner Märkte bzgl. Zielgruppen, Kaufverhalten, Wettbewerb usw. **Ziel:** Der Vertreter soll in die Lage versetzt werden, die Erfahrungen, die das Unternehmen bereits in anderen Märkten gesammelt hat, im eigenen Markt umzusetzen und als Verkaufshilfen zu verwenden.	

Checklisten III: Wie ist der Export-Vertrieb zu organisieren?

Schulung von ausländischen Vertretern		Notizen
4. Verkaufsspezifische Schulung	**Inhalt:** Zielgruppenorientierte Nutzenargumente, Preis-Leistungs-Verhältnis im Vergleich zum Wettbewerbsprodukt. Bereitstellung von Werbemitteln, z. B. DVD, Video und Prospekten, Unterstützung beim Internetauftritt. **Ziel:** Der Vertreter soll in die Lage versetzt werden, kundenbezogene „Problemlösungen" bzw. bedarfsgerechten Produktnutzen anzubieten.	

Andere Lösungsmöglichkeiten

Sollte eine Schulung in der Firma des Herstellers vor Start der Tätigkeit des Vertreters nicht möglich sein, empfiehlt es sich, dass der Verkaufsleiter/Exportleiter zusammen mit dem Vertreter drei bis fünf Tage gemeinsame Besuche bei vorhandenen Kunden macht, um anlässlich dieser Besuche die Informationen zu übermitteln, die der Vertreter für eine erfolgreiche Tätigkeit benötigt.

Checkliste 20: Zusammenarbeit mit ausländischen Vertriebspartnern

▶ Definition

Die laufende Betreuung, Unterstützung und Motivation der im Ausland tätigen Vertriebspartner ist von Anfang an erforderlich.

❓ Problemstellung

Wenn man einen ausländischen Vertriebspartner gewonnen hat, geht man normalerweise davon aus, dass dieser aus eigenem Ansporn alle notwendigen Schritte für eine optimale Akquisition und Betreuung von Kunden einleiten wird. Häufig wird übersehen, dass der Auslandsvertreter auch für andere Firmen tätig ist, die von ihm in aller Regel deutlich messbare Erfolge verlangen.

Der Vertreter wird sich daher vorrangig um die Produkte kümmern, die sich relativ leicht verkaufen lassen, womit er die höchste Provision verdient und bei denen seitens des Herstellers der höchste „Druck" erfolgt.

⚙ Beispiel

Im Zuge einer Umstrukturierung des Vertreternetzes in Österreich (Pensionierung des bisherigen Vertreters) und einer Neuaufteilung der Vertretungsgebiete werden zwei neue Repräsentanten zwecks Einführung in ihr Aufgabengebiet zur Schulung in das Unternehmen eingeladen. Die Produktpalette für den Automobilzulieferbereich ist vielfältig und muss ständig den Anforderungen der Automobilindustrie angepasst werden. Daher wird hohes technisches Verständnis von den Vertretern erwartet. Beide haben vorher in einer anderen Branche gearbeitet und benötigen eine umfassende Produktschulung und eine intensive Betreuung in der „Startphase".

Die Dauer der Schulung ist allerdings wegen des Verkaufsdrucks nur auf drei Tage begrenzt und daher völlig unzureichend. Eine Unterstützung in der Anfangsphase der Marktbearbeitung unterbleibt. Das Ergebnis nach einigen Monaten spiegelt sich in den Verkaufszahlen wider. Beide Vertreter werden entlassen. Dies bedeutet für das Unternehmen: neuerliche Suche der Nachfolger und Vertrauensverlust bei den Abnehmern. Schlechte Voraussetzungen für den Zugang zum stark umkämpften Markt!

✓ Checkliste

Die „Einarbeitung" eines neuen Auslandsvertreters erfordert zwar ein großes persönliches und zeitliches Engagement seitens des Herstellers, ist aber erforderlich für einen möglichst raschen Erfolg auf dem Auslandsmarkt.

Welche verkaufsfördernden und verkaufsunterstützenden Maßnahmen sollten seitens des Herstellers innerhalb der ersten zwölf Monate erbracht werden?

Checklisten III: Wie ist der Export-Vertrieb zu organisieren?

Zusammenarbeit mit ausländischen Vertriebspartnern	Notizen
Einmal pro Woche ▶ mindestens telefonisch ansprechen (aufgelaufene Fragen beantworten, Sicherheitsgefühl vermitteln, Interesse zeigen, Motivation vermitteln usw.)	
Einmal pro Monat ▶ schriftlich informieren (Produktverbesserungen, Verkaufsargumente, Marktentwicklung in anderen Ländern darstellen usw.) ▶ auffordern, einmal im Monat einen schriftlichen Bericht über die Situation der besuchten Kunden abzugeben. Hierzu empfiehlt es sich, ein einheitliches Formblatt zu verwenden. Es kann evtl. sinnvoll sein, diesen Bericht mit der Provisionsabrechnung zu koppeln.	
Einmal pro Quartal ▶ ist es sinnvoll, den Vertreter zu wichtigen Kunden zu begleiten, den Vertreter zu motivieren und das eigene Gefühl für den fremden Markt zu verbessern ▶ sollte der Vertreter aufgefordert werden, mittels eines vorgegebenen Formblattes über die Entwicklung des Marktes zu informieren (Nachfrageverhalten, Konkurrenzsituation, Entwicklungstendenzen usw.)	
Einmal pro Jahr ▶ sollte der Vertreter zu einem Verkaufsgespräch eingeladen werden (Soll-Ist-Vergleich, „Manöverkritik", Absatzplanung für das folgende Jahr, Produktschulung, Übermittlung von Verkaufsargumenten, Motivation, Vertrauen vertiefen, Festigung persönlicher Kontakte usw.)	

Weitere Hilfen

Besuchen Sie vertriebsorientierte Fachseminare über den Fachverband bzw. die zuständige Industrie- und Handelskammer.

Checkliste 21: Auslandsmessen – vielfacher Nutzen

▶ Definition

Messen und Ausstellungen im Ausland stellen die günstigste Informations- und Kommunikationseinrichtung für die Anbahnung und Ausweitung von Auslandsgeschäften dar. Sie dienen sowohl zur eigenen Information als auch zur Information von Kunden und Handelsmittlern und sind somit eines der bedeutendsten Instrumente zur Erschließung neuer Märkte. Dies wird z. B. auch dadurch verdeutlicht, dass mehr als ein Drittel aller Exportaufträge deutscher Unternehmen aus der Teilnahme an Auslandsmessen direkt oder indirekt resultiert.

Auslandsmessen haben also mehrfachen Nutzen, wie z. B.:

- ▶ Darstellung der eigenen Produkte
- ▶ Information und Orientierung über das Angebot der Konkurrenz
- ▶ Herstellung von Kontakten zu potenziellen Abnehmern
- ▶ Anregung zur Neu- und Weiterentwicklung eigener Produkte
- ▶ Kontaktanbahnung zu geeigneten Absatzmittlern
- ▶ Imageaufbau im Ausland

❓ Problemstellung

Auslandsmessen sind mit einem erheblichen Organisationsaufwand und meist beachtlichen Kosten verbunden.

⚙ Beispiel

Ein mittelständischer deutscher Hersteller von Schweißgeräten beabsichtigte, sein Produktprogramm auch auf dem US-Markt einzuführen. Den größten Teil dieses Programms stellte er selbst her, bestimmte Komponenten importierte er aus Asien. Er plante, bzgl. des US-Marktes zunächst eine Studie anfertigen zu lassen über die Markteintrittsbedingungen (Zölle, technische Vorschriften) sowie die dortige Wettbewerbssituation (Preise, Qualität, technische Ausstattung von Wettbewerbsprodukten usw.). Bei günstigen Voraussetzungen wollte er im Anschluss an die Marktstudie die Vermittlung geeigneter Wiederverkäufer in Auftrag geben.

Auf fachkundigen Rat hin entschloss sich der Inhaber des Unternehmens, persönlich an der in ca. drei Monaten stattfindenden „Welding Show" als Besucher teilzunehmen und die gewünschten Voraussetzungen für einen Markteinstieg in diesem Zusammenhang selbst zu klären bzw. zu erledigen. Der Unternehmer bereitete seinen Besuch der Schweißfachmesse wie folgt vor:

1. Er forderte von der Organisationsgesellschaft den Ausstellerkatalog der Vorjahresmesse an.

Checklisten III: Wie ist der Export-Vertrieb zu organisieren?

2. Er schrieb fünf Fachhändler, die damals ausstellten, an und fragte, ob sie zur nächsten Messe wieder ausstellen, und kündigte seinen Besuch auf dem Messestand an.
3. Im Katalog orientierte er sich über die im letzten Jahr vertretenen Wettbewerbsunternehmen und erhielt so ein Gefühl für die Bedeutung der Messe.
4. Er arbeitete eine englischsprachige Beschreibung des eigenen Unternehmens aus und stellte vorwiegend sein durch Patente abgesichertes hohes technisches Know-how dar.
5. Er fertigte englischsprachige Produkt-Kurzbeschreibungen an und fügte diese als „Einleger" seinem deutschen Prospekt bei.
6. Er ließ sich Visitenkarten anfertigen in englischer Sprache, die ihn als Inhaber von zwei unterschiedlichen Firmen auswiesen, und zwar:
   - als Inhaber des Produktionsunternehmens und
   - als Inhaber eines Großhandelsunternehmens.

Innerhalb der ersten beiden Messetage besuchte der deutsche Unternehmer US-Hersteller von ähnlichen Produkten und erhielt einen sehr guten Überblick über die Stärken und Schwächen der Wettbewerbsprodukte. Hieraus formulierte er Verkaufsargumente für sein Programm. Im Laufe der nächsten zwei Tage besuchte er fünf ausstellende Großhändler, stellte diesen sein eigenes Programm vor und konnte die eigenen Produktvorteile überzeugend darstellen. Als Ergebnis seiner Reise brachte er einen Vorvertrag mit einem Großhändler sowie eine Absichtserklärung eines zweiten Großhändlers mit nach Deutschland. Das US-Geschäft konnte anschließend sehr erfolgreich aufgebaut werden.

✓ Checkliste

Um die Kontakte und Informationsmöglichkeiten einer Auslandsmesse zu nutzen, ist es – wie es das Beispiel zeigt – nicht unbedingt erforderlich, mit einem eigenen Messestand an der Messe teilzunehmen.

Drei Möglichkeiten, wie eine Messe – in unterschiedlicher Intensität – genutzt werden kann, werden dargestellt:

Auslandsmessen – vielfacher Nutzen	Notizen
Kataloganalyse Wenn der Kontakt zu einem ausländischen Wiederverkäufer gesucht wird, kann die „Kataloganalyse" eine sehr lohnende Angelegenheit sein. Was ist zu tun: ▶ Informationen über in Frage kommende Auslandsmessen aus dem „AUMA-Katalog"[13] (oder Internet) entnehmen	

---

13 Die Internetadresse des AUMA finden Sie im Anhang.

Auslandsmessen – vielfacher Nutzen	Notizen
▶ Anhand dieser Informationen im Zielmarkt eine geeignete branchenbezogene Messe auswählen ▶ Der Katalog gibt zu dieser Messe verschiedene nähere Informationen (Zeitpunkt der nächsten Messe, ausgestellte Produkte, Kosten für einen Stand usw.) und führt auf, von welcher Organisationsgesellschaft diese Messe üblicherweise durchgeführt wird. ▶ Kontaktaufnahme mit dieser Organisationsgesellschaft mit der Bitte, einen Ausstellerkatalog der letzten Messe zuzusenden ▶ Eine Analyse des Katalogs zeigt, welche Firmen mit welchen Produkten vertreten waren – auch welche Handelsfirmen ausgestellt haben. ▶ Mit den interessant erscheinenden Handelsgesellschaften Kontakt aufnehmen	
Messeteilnahme ohne Stand Mit überschaubaren Kosten erhält man einen generellen Überblick über das Warenangebot, über die Leistungsfähigkeit der Konkurrenz und kann Kontakte zu potenziellen Interessenten und Vertriebspartnern anbahnen. Welche Vorbereitung empfiehlt sich: ▶ Visitenkarten möglichst in der Sprache des Zielmarktes drucken lassen (auf jeden Fall für Länder wie Japan und China usw.) ▶ Imagebroschüren des eigenen Unternehmens in der Landessprache drucken lassen. Es reicht aus, wenn auf dem eigenen Firmenbogen die Besonderheiten/Stärken des eigenen Unternehmens in der betreffenden Landessprache dargestellt werden. ▶ Produktprospekte in der Landessprache drucken lassen. Es reicht auch aus, wenn dem deutsch- oder englischsprachigen Produktprospekt eine erläuternde Zusammenfassung in der Landessprache beigefügt wird. ▶ Kleinere, für das eigene Unternehmen charakteristische „Geschenke" mitnehmen ▶ Einen Dolmetscher engagieren (evtl. über die AHK des betreffenden Zielmarktes), der anlässlich des Messebesuches das Unternehmen begleitet und der mögliche Sprach- und Mentalitätsprobleme vermeiden hilft.	

Checklisten III: Wie ist der Export-Vertrieb zu organisieren?

Auslandsmessen – vielfacher Nutzen	Notizen
Messeteilnahme mit Stand Hier ist zunächst zu prüfen, ob eine „subventionierte" Bundesmessebeteiligung oder Landesmessebeteiligung stattfindet.	

▌ Andere Lösungsmöglichkeiten

Mit vier bis fünf zur gleichen Branche gehörenden, nicht im Wettbewerb stehenden Firmen auf einer Messe gemeinsam einen Stand buchen.

Checkliste 22: Risikoabsicherung

▶ Definition

Unter Risikobegrenzung versteht man die weitgehende Minimierung von möglichen finanziellen Verlusten im Exportgeschäft.

❓ Problemstellung

Das Auslandsgeschäft ist generell mit höheren Risiken verbunden. Dies ist durch die geografische Distanz zu den Auslandsmärkten einerseits und die Fremdheit der Kulturen andererseits begründet. Mangelnde Kenntnisse hinsichtlich der Kreditwürdigkeit und -fähigkeit des Handelspartners sind weitere große Unsicherheitsfaktoren. Es ist daher wichtig, im Vorfeld entsprechende Maßnahmen zu treffen.

Man unterscheidet zwischen abwälzbaren und nicht abwälzbaren Risiken.

⚙ Beispiel

Ein deutsches Maschinenbauunternehmen beliefert seit vielen Jahren einen „Stammkunden" in Frankreich. Nach Lieferung, aber vor Bezahlung wurde über das Vermögen des französischen Abnehmers ein Konkursverfahren eröffnet. Der deutsche Exporteur hatte versäumt, eine Exportkreditversicherung abzuschließen (Ausfuhrrisiko). Ebenfalls hatte er versäumt, den Eigentumsvorbehalt wirksam zu bestellen (vgl. Checkliste 27).

✔ Checkliste

Haben Sie die nachfolgend aufgeführten Risiken (unterteilt in abwälzbare und nicht abwälzbare) eingehend auf die Möglichkeiten einer Absicherung geprüft?

Risikoabsicherung		Notizen
Risiko	Folgende Möglichkeiten der Absicherung sind zu prüfen	
Abwälzbare Risiken		
Fabrikationsrisiko	(das Risiko vor Versand der Ware) z. B. Insolvenz des Kunden während der Produktionsphase oder öffentlicher Auftraggeber einer staatlichen Stelle zahlt nicht fristgemäß	
Absicherung	▶ Exportkreditversicherung (Hermes-Deckung) ▶ Anzahlung des Kunden vor Versand ▶ unwiderrufliches, bestätigtes Akkreditiv	

Checklisten III: Wie ist der Export-Vertrieb zu organisieren?

Risikoabsicherung		Notizen
Ausfuhrrisiko	(das Risiko nach Versand der Ware) Zahlungsunwilligkeit bzw. Insolvenz des Kunden nach Versand der Ware (wirtschaftlicher Garantiefall) oder Beschlagnahme, Vernichtung oder Beschädigung der Ware durch ausländische Behörden aufgrund politischer Ereignisse (politischer Garantiefall)	
Absicherung	▶ Exportkreditversicherung (Hermes-Deckung) ▶ Anzahlung des Kunden vor Versand ▶ unwiderrufliches, bestätigtes Akkreditiv	
Kursrisiko	Kunde kauft Ware in Fremdwährung. Durch unerwartete Abwertung zum Zeitpunkt der Lieferung große Kursverluste möglich und dadurch erhebliche Erlösminderung	
Absicherung	Zahlungsvereinbarung in Landeswährung (Euro) oder vorherige Kursabsicherung (Devisentermingeschäft etc.)	
Transportrisiko	Beschädigung durch Wasser, Feuer, Klimaeinwirkung, Diebstahl oder Verlust der Ware während des Transports	
Absicherung	Abschluss einer Transportversicherung über die hauseigene Versicherungspolice oder über den Transporteur	
Wirtschaftliches Risiko	▶ Kunde zahlt die Ware nicht. ▶ Konkurs oder Vergleich des Kunden ▶ Kunde storniert den Auftrag kurz vor der Auslieferung.	
Absicherung	▶ Hermes-Deckung ▶ Bankgarantie ▶ Vorauskasse ▶ Eröffnung eines bestätigten, unwiderruflichen Akkreditivs	
Politisches Risiko	▶ Ausbruch eines Krieges im Käuferland ▶ Revolution ▶ Streik ▶ Embargo ▶ Beschlagnahme der Ware seitens der Zollbehörde durch fehlerhafte bzw. widersprüchliche Angaben in den Dokumenten	

Risikoabsicherung		Notizen
Absicherung	Hermes-Kreditversicherung bzw. handelsübliche Zahlungsvereinbarungen wie oben erwähnt	
Nicht abwälzbare Risiken		
Absatzrisiko	Die Ware findet aus produktspezifischen Gründen keine breite Akzeptanz im Markt.	
Gegenmaßnahme	intensive Marktforschung und permanente Marktbeobachtung	
Preisrisiko	Das Produkt findet aus Preisgründen keine ausreichende Käuferschicht.	
Gegenmaßnahme	Optimierung der Kosten und Verbesserung des Preis-Leistungs-Verhältnisses gegenüber den Mitbewerbern	
Abnahmerisiko	Der Kunde nimmt trotz erteilten Auftrags die Ware nicht ab (z. B. wegen verspäteter Lieferung).	
Gegenmaßnahme	klare vertragliche Kaufvereinbarung treffen	
Abwicklungsrisiko	Das Exportgeschäft kann nicht ordnungsgemäß abgewickelt werden aufgrund einer Fehleinschätzung des Kunden (plötzliche Importprobleme).	
Gegenmaßnahme	▶ vorherige Beratung durch IHK, Bank oder Transporteur bzw. Hermes-Deckung ▶ Eröffnung eines bestätigten, unwiderruflichen Akkreditivs	

Andere Lösungsmöglichkeiten

Vor Lieferung eines Auftrages ein unwiderrufliches Akkreditiv vom Kunden eröffnen lassen, dessen Bedingungen Risiken weitgehend ausschließen.

Weitere Hilfen

Hausbank konsultieren.

Checklisten III: Wie ist der Export-Vertrieb zu organisieren?

Checkliste 23: Bonitätsprüfung von Auslandskunden

▶ Definition

Mit der Bonitätsprüfung soll die Kreditwürdigkeit bzw. die Zahlungsfähigkeit des ausländischen Kunden überprüft und festgestellt werden.

❓ Problemstellung

Aufgrund oftmals großer Entfernungen zum Auslandsmarkt, der andersartigen Geschäftsgepflogenheiten und der von hier aus schlecht feststellbaren wirtschaftlichen Rahmenbedingungen, unter denen der Kunde im Zielland tätig ist, wird die Prüfung der Kreditwürdigkeit des Auslandskunden erschwert.

Andererseits können bei ausbleibender Zahlung oftmals nicht die in Deutschland üblichen Möglichkeiten zur Einklage der Forderung beschritten werden.

Deswegen ist eine zuverlässige und in regelmäßigen Abständen zu wiederholende Bonitätsprüfung bei Auslandskunden erforderlich.

⚙ Beispiel

Vor einigen Jahren hatte ein Maschinenbau-Unternehmen eine Verpackungsmaschine für die Herstellung von Joghurtbechern nach Argentinien verkauft. Der argentinische Hersteller bestellte zwei Jahre nach Lieferung dringend benötigte Ersatzteile, um die tägliche Produktion aufrechtzuerhalten. Der Exporteur war der Annahme, dass das Unternehmen aufgrund seiner wirtschaftlichen Bedeutung für das Land und durch die staatliche Beteiligung seinen Verpflichtungen pünktlich nachkommen würde. Er verzichtete auf die Einholung von Auskünften und vereinbarte als Zahlung CAD (Kasse gegen Dokumente).

Bei der Präsentation der vereinbarten Dokumente beim Importeur teilte dieser mit, dass er zahlungsunfähig sei. Der Rechnungsbetrag blieb unbezahlt.

✓ Checkliste

Beim Aufbau von Geschäftsbeziehungen zu neuen Kunden, aber auch in Zusammenarbeit mit bereits bekannten Kunden empfiehlt es sich, eine Bonitätsprüfung durchzuführen. Folgende Möglichkeiten stehen für eine Bonitätsprüfung zur Verfügung:

Bonitätsprüfung von Auslandskunden	Notizen
Haben Sie eine Selbstauskunft eingeholt, mit der die Grunddaten zum Unternehmen abgefragt werden (wie Gründungsdatum, Stammkapital, Bankverbindung, Umsatz, Exportanteil sowie Referenzen)?	
Haben Sie die für das Land zuständige Auslandshandelskammer (AHK) kontaktiert?	

Bonitätsprüfung von Auslandskunden	Notizen
Haben Sie eine Kreditauskunftei mit der Einholung von Bonitätsauskünften beauftragt?	
Haben Sie bei einer Kreditversicherung nachgefragt, ob und in welchem Umfang sie den ins Auge gefassten Kunden versichert?	
Haben Sie Ihre Hausbank mit der Einholung näherer Informationen über den Kunden beauftragt?	
Haben Sie den ortsansässigen Vertreter des Kunden eingeschaltet?	
Haben Sie zusätzliche Informationen über die Geschäftssituation/Konjunktur beschafft, in der sich die Branche des Kunden im Zielland befindet?	
Vereinbaren Sie einen Termin für ein persönliches Kennenlernen.	

Andere Lösungsmöglichkeiten

Neben den Auskünften zur Kreditwürdigkeit des Kunden kann u. U. eine Exportkreditversicherung abgeschlossen werden oder aber eine „sichere" Zahlungsbedingung ist zu vereinbaren (Dokumentenakkreditiv, Vorauskasse).

Weitere Hilfen

Falls möglich, Befragung von Referenzfirmen.

Checklisten IV: Welche vertraglichen Besonderheiten sind zu berücksichtigen?

24 Formulierung eines Exportangebotes

25 Das kaufmännische Bestätigungsschreiben

26 Der Kaufvertrag

27 Der Eigentumsvorbehalt

28 Gerichtsstandsvereinbarung oder Schiedsgericht?

29 Schiedsklauseln (Muster)

30 Anwendung des UN-Kaufrechts bei Auslandsverträgen

31 Der Handelsvertretervertrag

32 Der Händler-/Wiederverkäufervertrag

33 Der Joint-Venture-Vertrag

34 Der Lizenzvertrag

Sie können die im Buch enthaltenen Checklisten auch im AW-Portal als ausfüllbare Word-Dateien downloaden. Sie finden die Dateien unter:
www.aw-portal.de/checklisten.

Checkliste 24: Formulierung eines Exportangebotes

▶ Definition

Schriftliche Bestätigung der vom Kunden spezifizierten Angaben und Anforderungen an das gewünschte Produkt sowie Angaben über exakte Liefer- und Zahlungsbedingungen des Lieferanten.

❓ Problemstellung

Es ist sehr wichtig, dass ein Kunde bei Auftragserteilung genaue Angaben über Form, Farbe, technische Ausführung etc. macht, da es sonst bei der Produktion und späterer Auslieferung zu Problemen und Reklamationen durch den Kunden kommen kann. Im Export ist dies deshalb von großer Bedeutung, da hier außerdem die geografische Distanz zum Abnehmerland sowie andersartige Geschäftsgepflogenheiten und rechtliche Rahmenbedingungen hinzukommen. Fehlende oder mangelnde Angaben vom Auftraggeber verursachen i. d. R. zusätzliche Kosten, die in keiner Kalkulation enthalten sind. Lieferverzögerungen durch eventuelle Neuanfertigung sind nicht ausgeschlossen und führen zu einer weiteren Belastung der ohnehin schon angespannten Geschäftsbeziehung. Eine genaue vorherige Prüfung aller Auftragsangaben ist unbedingt erforderlich.

⚙ Beispiel

Eine Firma aus der Haus- und Heimtextilienbranche erhält von einem bekannten Warenhauskonzern in England einen Auftrag über die Lieferung von Bademänteln für die Weihnachtssaison. Im Gegensatz zu allen anderen von dieser Firma belieferten Kunden im Ausland verlangt die Einkaufsabteilung des Warenhauses, dass die Bademäntel in flammenhemmender Ausführung geliefert werden. Auf die Bemerkung, dass dies doch bei Bademänteln völlig ungewöhnlich sei, erhält der Lieferant die Auskunft, dass der Auslöser für diese unübliche Maßnahme Urteile in den USA wegen der Produkthaftung und der damit verbundenen hohen Schadensersatzzahlungen gewesen sei.

Da die Kunstharzausrüstung den gewünschten flauschigen Charakter der Ware stark beeinflussen würde, nimmt die Exportabteilung das Risiko in Kauf, die Bademäntel in Normalausführung zu liefern, in der Hoffnung, es werde schon gut gehen. Leider ist dies nicht der Fall, da einige Teile in einem speziellen Labor des Kunden einem Brenntest unterzogen werden, um festzustellen, ob die im Auftrag spezifizierten Anforderungen erfüllt sind. Da der Test zwangsläufig negativ verläuft, werden der zuständige Vertreter und der Lieferant vom Ergebnis informiert mit der Aufforderung zur sofortigen Stellungnahme.

Der Verkaufsleiter fliegt nach London und muss den Fehler beim Kunden eingestehen. Der Abnehmer verlangt eine sofortige Ersatzlieferung und Schadensersatz für entgangenen Verkauf. Aufgrund der Lieferengpässe kurz vor Weihnachten ist dies im vollen Umfang nicht mehr möglich. Neben hohen Schadensersatzkosten kommt es zum Abbruch der Geschäftsverbindung. Jahrelange Aufbauarbeit, mit diesem prestigeträchti-

Formulierung eines Exportangebotes 24

gen Warenhaus ins Geschäft zu kommen, wurde zunichtegemacht. Ein bedeutender Imageverlust auf dem englischen Markt ist die Folge.

☑ Checkliste

Formulierung eines Exportangebotes	Notizen
Haben Sie vor Abgabe eines Exportangebotes geprüft, ob Produktanpassungen bzw. Produktmodifikationen notwendig und technisch durchführbar sind?	
Sind erforderliche Produktanpassungen mit nicht kalkulierbaren Risiken bzw. Kosten verbunden?	
Sind Produktionskapazitäten im Hinblick auf die gewünschte Lieferzeit vorhanden?	
Sind Ihnen die Preise des Wettbewerbs, das Absatzpotenzial des Produktprogramms, die landesüblichen Verkaufsbedingungen etc. bekannt?	
Ist die Vorbereitung von Mustern, von Imageprospekten und von Verkaufsmaterial mit exakten technischen Daten vorbereitet?	
Sind die Kosten für Sonderanfertigungen bzw. die Zusatzkosten für Produktanpassungen im Preis berücksichtigt?	
Ist die Gültigkeit des Angebotes in angemessenem Umfang skizziert?	
Sind die Produktbeschreibungen (evtl. in Landessprache) in ausreichendem Umfang vorhanden?	
Haben Sie bei der Angabe von Lieferzeiten eventuelle Lieferverzögerungen bedacht, ist es erforderlich, Circa-Termine anzugeben?	
Haben Sie bei den Lieferbedingungen berücksichtigt, diese auf der Basis von den aktuellen INCOTERMS (INCOTERMS 2010) zu formulieren, haben Sie bei CIF-Lieferungen Transport- und Verschiffungskosten vom Spediteur eingeholt?	
Wenn Sie die Lieferpreise nicht in Euro angeben können, sondern in der vom Kunden gewünschten Währung, haben Sie in Abstimmung mit Ihrer Bank ein Kurssicherungsgeschäft abgeschlossen?	
Haben Sie die Zahlungsbedingungen eindeutig formuliert, z. B. Zahlung/Ware? gegen unwiderrufliches, bestätigtes Akkreditiv, Vorauskasse, Bankbürgschaft (Kreditwürdigkeit des Kunden, Auftragswert, Wettbewerbslage, Währungsrisiko etc. berücksichtigt)?	

Checklisten IV: Welche vertraglichen Besonderheiten sind zu berücksichtigen?

Formulierung eines Exportangebotes	Notizen
Liegen Ihrem Angebot für Investitionsgüter (Maschinenbau, technische Anlagen) detaillierte Ausarbeitungen von Plänen und Zeichnungen bei?	
Haben Sie bei Maschinenlieferungen eventuelle Zusatzleistungen angegeben, wie technische Beratung, Entsendung von Monteuren, After Sales Service mit Instandhaltung, Reparaturen und Ersatzteillieferungen?	
Haben Sie berücksichtigt, dass das Angebot zum besseren Verständnis in der Landessprache des Kunden abgefasst sein sollte? Dies gilt insbesondere bei Angeboten nach Russland, Japan und China, wo Englisch nicht immer ausreichend ist.	
Ist sichergestellt, dass vor Abgabe des Angebotes dieses auf Richtigkeit, Vollständigkeit und in Übereinstimmung mit den allgemeinen und besonderen Geschäftsbedingungen des Unternehmens formuliert ist?	
Ist sichergestellt, dass nach angemessener Zeitspanne eine Nachfassaktion gestartet werden sollte? (Vertreter einschalten, der über den aktuellen Stand der laufenden Verhandlungen berichten muss).	

Andere Lösungsmöglichkeiten

▶ bei aufwendigen Angeboten externe Berater konsultieren

▶ juristische Expertise einholen

Weitere Hilfen

Ziehen Sie Wirtschaftsverbände zu Rate wie den Verband Deutscher Maschinen- und Anlagenbau (VDMA)[14] oder die JETRO – Japan External Trade Organization (bei Japan-Geschäften).

---

14 Die Internetadresse finden Sie im Anhang.

Checkliste 25: Das kaufmännische Bestätigungsschreiben

▶ Definition

Ein kaufmännisches Bestätigungsschreiben ist die schriftliche (Brief, Telefax, E-Mail) Bestätigung einer mündlichen bzw. fernmündlichen Vereinbarung.

❓ Problemstellung

Insbesondere mit Kunden, mit denen man schon seit längerer Zeit zusammenarbeitet, werden Geschäftsabschlüsse oftmals telefonisch getätigt.

Es kann hier aufgrund von sprachlich bedingten Fehlinterpretationen oder anderen Geschäftsgepflogenheiten zu Missverständnissen über die zu liefernde Ware, den vereinbarten Preis, die Zahlungsmodalitäten usw. kommen. Es ist daher sinnvoll, den Inhalt der fernmündlichen Vereinbarung durch ein kaufmännisches Bestätigungsschreiben zu fixieren.

⚙ Beispiel

Ein deutscher Hersteller von Schreibartikeln hatte mit einem Abnehmer in Turin für eine eilige Bestellung telefonisch einen Preis vereinbart. Die Ware wurde geliefert und berechnet. Der Abnehmer in Turin zahlte nicht mit dem Argument, der vereinbarte Preis sei zu hoch und in dieser Höhe nicht vereinbart worden.

✔ Checkliste

Das kaufmännische Bestätigungsschreiben	Notizen
Ist sichergestellt, dass zwischen der fernmündlich getroffenen Vereinbarung und einer schriftlichen Bestätigung ein direkter zeitlicher Zusammenhang besteht? Das heißt, dass das kaufmännische Bestätigungsschreiben dem ausländischen Geschäftspartner nicht später als fünf Tage nach der fernmündlichen Vereinbarung zugeht?	
Ist der Text klar und eindeutig formuliert? Zum Beispiel: Bei unserem Telefongespräch am wurde Folgendes gemeinsam festgelegt: „Der Preis beträgt € …"	

Checklisten IV: Welche vertraglichen Besonderheiten sind zu berücksichtigen?

Praxistipp

Nach deutschem Recht muss die andere Partei innerhalb kurzer Zeit (ca. drei Tage) widersprechen oder Vorbehalt machen. Andernfalls gilt das im Bestätigungsschreiben Festgelegte als richtig und vollständig.

Nach ausländischem Recht hat das kaufmännische Bestätigungsschreiben nicht immer dieselbe Wirkung wie im deutschen Recht, aber in jedem Falle kommt ihm große Beweiskraft zu.

Andere Lösungsmöglichkeiten

Soweit eine Vorauskasse oder ein unwiderrufliches Akkreditiv vereinbart ist, ist die Kaufpreiszahlung sichergestellt.

Checkliste 26: Der Kaufvertrag

Definition

Ein Kaufvertrag kommt dadurch zustande, dass ein Exporteur ein Angebot abgibt und ein Importeur dieses Angebot annimmt. Das heißt, der ausländische Vertragspartner erklärt seine Annahme auf der Grundlage des ihm vorliegenden Angebotes des Exporteurs. Hierbei ist es zunächst unerheblich, ob Angebot und Annahme mündlich oder schriftlich erfolgt sind.

Problemstellung

Risiken sind stets dann zu beobachten, wenn die für den Abschluss des Vertrages notwendige Einigung nicht zustande gekommen ist. Zu beachten ist, dass der gesamte Vertrag nicht zustande gekommen ist, wenn die Vertragsparteien sich über einen wesentlichen Punkt nicht geeinigt haben. Zu den wesentlichen Punkten gehören:

- das Vertragsprodukt
- der Preis
- die Lieferbedingungen
- die Zahlungsbedingungen
- der Lieferzeitpunkt

Es kommt also bei dem gültigen Abschluss von Auslandsverträgen auf die völlige Übereinstimmung in allen wesentlichen Vertragsbestandteilen an.

Beispiel

Ein deutsches Außenhandelsunternehmen bietet einem Importeur in Hongkong eine bestimmte Ware an und gibt als Kaufpreis „Dollar" als Vertragswährung an. Sollte es bei diesem Vertrag zu einem späteren Zeitpunkt zu einem Streit kommen, weil der Vertragspartner in Hongkong von „Hongkong-Dollar" ausgegangen ist und der deutsche Exporteur von „US-Dollar", dann kann davon ausgegangen werden, dass der Vertrag insgesamt nicht zustande gekommen ist, weil man sich über einen wesentlichen Punkt, nämlich den Verkaufspreis in welcher Dollar-Währung, nicht geeinigt hat.

Checkliste

Der Kaufvertrag	Notizen
Vor Angebotsabgabe ▶ Ist die Bonität des ausländischen Geschäftspartners im erforderlichen Umfang geprüft? ▶ Ist für das Exportgeschäft eine Ausfuhrgenehmigung einzuholen (beim Bundesamt für Wirtschaft und Ausfuhrkontrolle)?	

Checklisten IV: Welche vertraglichen Besonderheiten sind zu berücksichtigen?

Der Kaufvertrag	Notizen
▶ Gibt es im Importland Importbeschränkungen (mengenmäßig, technisch usw.)? ▶ Welche Kosten (Exportkalkulation) und welche Risiken (INCOTERMS) sind mit dem Export des Produktes verbunden? ▶ Sind die Kosten in der Exportkalkulation berücksichtigt? ▶ Sind die Risiken in der Exportversicherung berücksichtigt? ▶ Welche öffentlich-rechtlichen Vorschriften gibt es im Importland? ▶ Welche technischen Normen bestehen im Importland, können diese durch den Exporteur erfüllt werden? ▶ Sind Zulassungsvorschriften zu erfüllen, welche Kosten sind hiermit verbunden?	
Vertragspartner (an wen soll geliefert werden?) ▶ Ist die genaue gesellschaftsrechtlich korrekte Bezeichnung des Vertragspartners angegeben? ▶ Stimmt die Rechnungsanschrift/Lieferanschrift (Vorsicht vor P.O.-Box-Anschriften)? ▶ Ist der Empfänger des Vertragsangebotes vertretungsberechtigt?	
Ist der Verkaufsgegenstand präzise bestimmt (was soll geliefert werden)? ▶ Stimmt also die Spezifikation des Produktes? ▶ Stimmt die Mengenangabe (Vorsicht bei Bezeichnungen wie *gallon* und *ton*, hier gibt es nach Zielland unterschiedliche Bedeutungen)? ▶ Ist es sinnvoll, bei komplexen bzw. komplizierten Produktbezeichnungen ein Kürzel zu verwenden, um nachher eventuelle Probleme beim Akkreditiv zu vermeiden?	
Ist der Kaufpreis korrekt angegeben? ▶ Sind alle Faktoren, die den Exportpreis bestimmen, berücksichtigt? ▶ Ist die Währung angegeben (nicht nur $, sondern z. B.USD oder US$)? ▶ Ist die Vereinbarung einer Preisgleitklausel erforderlich?	
Sind die Lieferbedingungen geregelt (wie, wohin soll geliefert werden)? ▶ Sind die Lieferbedingungen gemäß INCOTERMS angeboten? ▶ Ist der letzte Stand der INCOTERMS (INCOTERMS 2010) angegeben? ▶ Ist der exakte Lieferort angegeben?	

Der Kaufvertrag	Notizen
▸ Ist die INCOTERMS-Klausel richtig angegeben (CIF Teheran ist falsch)? ▸ Ist die INCOTERMS-Klausel ohne Wenn und Aber vereinbart? ▸ Ist der Lieferzeitpunkt definiert? ▸ Sind Teillieferungen zulässig?	
Ist die Zahlungsbedingung klar geregelt (wann, wo ist zu zahlen, wer hat an wen zu zahlen)? ▸ genaue Art der Zahlung (z. B. durch ein unwiderrufliches, bestätigtes Akkreditiv) ▸ Zeitpunkt der Zahlung ▸ Ort der Zahlung	
Sonstige Vertragsbestimmungen (was ist sonst noch zu berücksichtigen)? ▸ Soll ein Eigentumsvorbehalt vereinbart werden? ▸ Ist die Eigentumsvorbehalt-Klausel korrekt formuliert und nach dem Recht des Importstaates wirksam (Vorsicht: In vielen Ländern gilt der in Deutschland übliche Eigentumsvorbehalt nicht)? ▸ In welchem Umfang soll/muss eine Gewährleistungshaftung übernommen werden? ▸ Ist berücksichtigt, in welchem Umfang ein Produkthaftungsrisiko gegeben ist (Vorsicht: Die Risiken sind in den USA höher zu bewerten als in anderen Staaten)? ▸ Ist die Frage der höheren Gewalt (Gewaltklausel) zu regeln? ▸ Welches (Schieds-)Gericht soll einen etwaigen Streit entscheiden? ▸ Welches nationale Recht soll für den Kaufvertrag zur Anwendung gelangen? ▸ Ist bei zweisprachigen Verträgen geregelt, nach welcher Vertragssprache im Streitfall der Vertrag interpretiert wird?	

Weitere Hilfen

▸ VDMA – Verband Deutscher Maschinen- und Anlagenbau[15]

▸ ICC – Internationale Handelskammer[16]

▸ Fachanwalt

---

15 Die Internetadresse finden Sie im Anhang.
16 Ebd.

Checkliste 27: Der Eigentumsvorbehalt

▶ Definition

Bei Lieferungen, die nicht gegen Vorkasse bzw. bestätigtes, unwiderrufliches Akkreditiv erfolgen, versucht der Verkäufer sich das Eigentum an seiner Ware bis zur vollständigen Bezahlung des Kaufpreises vorzubehalten. Der Verkäufer hat damit im Falle des Konkurses des Käufers die Möglichkeit, seine gelieferte Ware vom Käufer zurückzuverlangen.

❓ Problemstellung

Die in Deutschland üblichen Regelungen zum Eigentumsvorbehalt gelten so nur für die Ware, die sich in Deutschland befindet. Sobald die gelieferte Ware sich im Ausland befindet, gelten nicht mehr die deutschen, sondern die im betreffenden Zielmarkt üblichen Regelungen für den Eigentumsvorbehalt. Und diese sind oftmals grundverschieden von den Gepflogenheiten in Deutschland. Denn: Die Vereinbarung eines Eigentumsvorbehaltes richtet sich im Exportgeschäft nach dem am Lagerort der Ware gültigen Recht *(lex rei sitae)*.

In bestimmten Ländern ist der Eigentumsvorbehalt an bestimmte Voraussetzungen geknüpft. So soll z. B. durch eine „behördliche Registrierung" des Eigentumsvorbehaltes verhindert werden, dass nach Eintritt eines Insolvenzfalles die Vereinbarungen zu Lasten anderer Gläubiger getroffen werden.

Ob die unter Eigentumsvorbehalt gelieferte Ware bei Zahlungsunfähigkeit des Kunden vom Exporteur zurückgeholt werden kann, hängt von verschiedenen Faktoren ab, wie z. B.:

- ▶ Ist nach dem nationalen Recht des Landes, in dem sich die Ware befindet, ein Eigentumsvorbehalt möglich?
- ▶ Ist die Ware genau identifizierbar?
- ▶ Kennt der Exporteur den Lagerort der Ware?

⚙ Beispiel

Ein deutsches Maschinenbauunternehmen belieferte seit Jahren den Schweizer Markt über einen in Zürich ansässigen exklusiven Händler. Diesem hatte man ein Zahlungsziel von zwei Monaten eingeräumt.

Vier Wochen nach einer erneuten Lieferung teilte ein Schweizer Konkursverwalter dem deutschen Lieferanten mit, dass über das Vermögen des Schweizer Händlers ein Konkursverfahren eingeleitet worden sei und dass der Lieferant sein Eigentumsrecht an der gelieferten Ware beweisen möge.

Der Lieferant wies auf seine in dem Kaufvertrag zugrunde gelegten allgemeinen Geschäftsbedingungen (AGB) hin, worin es hieß: „Lieferant bleibt Eigentümer der Ware, bis diese endgültig bezahlt ist".

Der Konkursverwalter teilte daraufhin mit, dass diese Formulierung nicht ausreichend sei, um den Eigentumsvorbehalt für in der Schweiz befindliche Ware wirksam zu bestellen. Die noch nicht gezahlte Ware sei in das Eigentum des Schweizer Händlers übergegangen und werde nun im Rahmen des Konkursverfahrens verwertet. Folge für den deutschen Hersteller: Forderungsverlust in Höhe von ca. 200.000 €.

Checkliste

Der deutsche Exporteur, der das Eigentum an seiner Ware im Ausland sichern will, muss daher die in dem betreffenden Zielmarkt geltenden nationalen Vorschriften für die Regelung des Eigentumsvorbehaltes beachten. Dies gilt auch dann, wenn der Vertrag deutschem Recht unterliegt.

Der Eigentumsvorbehalt	Notizen
Haben Sie z. B. beachtet, dass ▶ in der **Schweiz** der Eigentumsvorbehalt möglichst direkt nach der Lieferung pro Lieferung am zuständigen Gericht des Abnehmers zu registrieren ist? Wenn diese Formvorschrift nicht beachtet wird, ist der Eigentumsvorbehalt unwirksam. ▶ in **England** der Eigentumsvorbehalt nur dann gültig ist, wenn die Ware des Exporteurs identifizierbar ist, diese separat gelagert und nicht mit anderen Waren vermischt oder vermengt wird? ▶ in **Italien** der Eigentumsvorbehalt schriftlich zu vereinbaren ist und das Datum des Vertragsabschlusses z. B. durch Registrierung des Kaufvertrages beim zuständigen Gericht des Abnehmers nachzuweisen ist? ▶ in **Spanien** der Eigentumsvorbehalt in einer öffentlichen Urkunde (z. B. vom Notar beglaubigt) festzuhalten ist?	

Andere Lösungsmöglichkeiten

Soweit der Eigentumsvorbehalt im Importland nicht anerkannt wird oder nicht die Sicherheit bietet, die der deutsche Exporteur erwartet, so ist es erforderlich, das Risiko des Zahlungsausfalls durch andere Sicherungsinstrumente zu minimieren, wie z. B.:

▶ Vereinbarung eines unwiderruflichen Dokumentenakkreditivs oder

▶ Abschluss einer Exportkreditversicherung

Weitere Hilfen

▶ Fachliteratur: Der Eigentumsvorbehalt bei Warenlieferung ins Ausland (Industrie- und Handelskammer Offenbach), CD-ROM, 10. Auflage, Oktober 2016

▶ Auslandshandelskammer (AHK) im Zielland

Checklisten IV: Welche vertraglichen Besonderheiten sind zu berücksichtigen?

- ▶ Informationen über exportstarke Fachverbände, wie z. B. Verband Deutscher Maschinen- und Anlagenbau (VDMA), Frankfurt[17]
- ▶ länderspezifisches Informationsmaterial

---

17 Die Internetadresse finden Sie im Anhang.

Checkliste 28: Gerichtsstandsvereinbarung oder Schiedsgericht?

Definition

Mit der Gerichtsstandsvereinbarung wird zwischen den Geschäftspartnern geregelt, welches Gericht im Streitfalle anzurufen ist.

Problemstellung

Die Vereinbarung eines deutschen Gerichtsstandes ist nur dann sinnvoll, wenn das Urteil im Lande des Vertragspartners leicht vollstreckbar ist. Dies ist der Fall:

- bei internationalen Vollstreckungsübereinkommen, wie das EU-Übereinkommen über die gerichtliche Zuständigkeit und Vollstreckung gerichtlicher Entscheidungen in Zivil- und Handelssachen (EuGVVO) oder
- aufgrund bilateraler Abkommen, z. B. mit der Schweiz.

Praxistipp

Nach den Regelungen der EuGVVO sowie aufgrund bilateraler Abkommen sind deutsche Gerichtsurteile derzeit (2016) nur in etwa 30 Ländern vollstreckbar.

Es empfiehlt sich daher bei internationalen Verträgen, insbesondere bei Lieferverträgen mit größerem Umfang, statt der Gültigkeit des staatlichen/ordentlichen Gerichtes die Gültigkeit eines Schiedsgerichtes zu vereinbaren.

Folgende Vorteile können hiermit verbunden sein:

- Die Urteile sind oft leichter vollstreckbar, da es internationale Abkommen gibt, denen die meisten Handelspartner beigetreten sind, wie v. a. das UN-Übereinkommen über die Anerkennung und Vollstreckung ausländischer Schiedssprüche.
- Die Schiedsgerichte sind meist schneller, da es in aller Regel nur eine Instanz gibt.
- Die Schiedsgerichte sind oft sachgerechter, da die Schiedsrichter oft Fachleute sind.
- Schiedsgerichtsverfahren sind nicht öffentlich.

Beispiel

Bei der Klage eines deutschen Lieferanten gegenüber einem tschechischen Abnehmer kann mit einer Verfahrensdauer bis zu sieben Jahren gerechnet werden. Soweit ein Schiedsgericht vereinbart wurde, ist mit einer Verfahrensdauer von max. sechs Monaten zu rechnen.

Checklisten IV: Welche vertraglichen Besonderheiten sind zu berücksichtigen?

Checkliste

Gerichtsstandsvereinbarung oder Schiedsgericht?	Notizen
Prüfen Sie, ob die Staaten Ihrer Handelspartner ausländische Schiedssprüche anerkennen und vollstrecken.	

Vertragsstaaten des UN-Übereinkommens über die Anerkennung und Vollstreckung ausländischer Schiedssprüche vom 10.6.1958

Afghanistan	Iran	Pakistan
Ägypten	Irland	Panama
Albanien	Island	Paraguay
Algerien	Israel	Peru
Andorra	Italien	Philippinen
Antigua und Barbuda	Jamaika	Polen
Argentinien	Japan	Portugal
Armenien	Jordanien	Ruanda
Aserbaidschan	Kambodscha	Rumänien
Australien	Kamerun	Russland
Bahamas	Kanada	Sambia
Bahrain	Kasachstan	San Marino
Bangladesch	Katar	Saudi-Arabien
Barbados	Kenia	São Tomé e Principe
Belgien	Kirgisistan	Schweden
Benin	Kolumbien	Schweiz
Bhutan	Komoren	Senegal
Bolivien	Kroatien	Serbien
Bosnien-Herzegowina	Kuba	Simbabwe
Botswana	Kuwait	Singapur
Brasilien	Laos	Slowakei
Brunei	Lesotho	Slowenien
Bulgarien	Lettland	Spanien
Burkina Faso	Libanon	Sri Lanka
Burundi	Liberia	St. Vincent und die Grenadinen
Chile	Liechtenstein	
(Volksrepublik) China	Litauen	Staat Palästina
Cookinseln	Luxemburg	Südafrika
Costa Rica	Madagaskar	Südkorea
Dänemark	Malaysia	Syrien
Demokratische Republik Kongo	Mali	Tadschikistan
	Malta	Tansania
Deutschland	Marokko	Thailand
Dominica	Marshallinseln	Trinidad und Tobago
Dominikanische Republik	Mauretanien	Tschechische Republik
Dschibuti	Mauritius	Tunesien

Vertragsstaaten des UN-Übereinkommens über die Anerkennung und Vollstreckung ausländischer Schiedssprüche vom 10.6.1958		
Ecuador	Mazedonien	Türkei
Elfenbeinküste	Mexiko	Uganda
El Salvador	Moldawien	Ukraine
Estland	Monaco	Ungarn
Fidschi	Mongolei	Uruguay
Finnland	Montenegro	Usbekistan
Frankreich	Mosambik	Vatikanstaat
Gabun	Myanmar	Venezuela
Georgien	Nepal	Vereinigte Arabische
Ghana	Neuseeland	Emirate
Griechenland	Nicaragua	Vereinigtes Königreich
Guatemala	Niederlande	Vereinigte Staaten
Guinea	Niger	Vietnam
Guyana	Nigeria	Weißrussland
Haiti	Norwegen	Zentralafrikanische
Honduras	Oman	Republik
Indien	Österreich	(Republik) Zypern
Indonesien		
Stand: 1.10.2016		

Welche institutionellen Schiedsgerichte (ständige Schiedsgerichte) können deutschen Exporteuren empfohlen werden?

▶ Das **Schiedsgericht bei der Internationalen Handelskammer** in Paris (International Chamber of Commerce – ICC). Es wird am häufigsten angerufen. Es empfiehlt sich jedoch nur bei größeren Streitwerten (mindestens 100.000 €).

▶ Das **Schiedsgericht bei der Zürcher Handelskammer** (evtl. auch bei der Handelskammer in Genf).

▶ Das **Schiedsgericht bei der Wirtschaftskammer Österreich** in Wien (v. a. bei Verträgen mit Ländern des ehemaligen Ostblocks).

▶ Das **Schiedsgericht der Handelskammer Stockholm**.

▶ Der **London Court of International Arbitration** (v. a. bei Verträgen mit südostasiatischen Ländern).

▶ Das **Deutsche Institut für Schiedsgerichtsbarkeit e.V.** in Köln (DIS). Es wird nach unseren Beobachtungen jedoch von den meisten ausländischen Vertragspartnern nicht akzeptiert.

▶ Bei Verträgen mit chinesischen Firmen sollte man erst versuchen, die Schiedsgerichte bei der ICC oder der Handelskammer Stockholm oder der Handelskammer Zürich zu vereinbaren. Sollte dies nicht möglich sein, kann man auch ein Schiedsge-

Checklisten IV: Welche vertraglichen Besonderheiten sind zu berücksichtigen?

richt nach der CIETAC-Klausel vereinbaren (China International Economic and Trade Arbitration Commission).

Andere Lösungsmöglichkeiten

Soweit es dem Exporteur gelingt, eine Vorauskasse durchzusetzen, werden hierdurch eventuelle Mängel im Liefervertrag relativiert.

Checkliste 29: Schiedsklauseln (Muster)

▶ Definition

Bei dem Abschluss internationaler Verträge ist es oftmals sinnvoll, für den Streitfall ein Schiedsgericht zu vereinbaren.

❓ Problemstellung

Die Urteile deutscher ordentlicher Gerichte werden nur in wenigen Ländern anerkannt und vollstreckt. Schiedsurteile werden aufgrund des Internationalen Übereinkommens über die Anerkennung und Vollstreckung von ausländischen Schiedssprüchen vom 10.6.1958 derzeit in mehr als 150 Ländern anerkannt und vollstreckt.

Beispiel

In Vorgesprächen mit einem russischen Geschäftspartner bat dieser den deutschen Exporteur, er möge in seinem Angebot eine Arbitrageregelung vorsehen.

✓ Checkliste

Schiedsklauseln (Muster)	Notizen
Prüfen Sie, welche der am meisten einberufenen Schiedsgerichte für Sie in Frage kommen und mit welcher Schiedsklausel Sie die Gültigkeit dieses Schiedsgerichtes vereinbaren sollten.	

Internationale Handelskammer, Paris

Deutsch:

„Alle aus oder in Zusammenhang mit dem gegenwärtigen Vertrag sich ergebenden Streitigkeiten werden nach der Schiedsgerichtsordnung der Internationalen Handelskammer von einem oder mehreren gemäß dieser Ordnung ernannten Schiedsrichtern endgültig entschieden."

Englisch:

"All disputes arising out of or in connection with the present contract shall be finally settled under the Rules of Arbitration of the International Chamber of Commerce by one or more arbitrators appointed in accordance with the said Rules."

Französisch:

«Toutes différences découlant du présent contrat ou en relation avec celui-ci seront tranchés définitivement suivant le Règlement d'Arbitrage de la Chambre de Commerce Internationale par un ou plusieurs arbitres nommés conformément à ce Règlement.»

Checklisten IV: Welche vertraglichen Besonderheiten sind zu berücksichtigen?

Handelskammer Zürich

Deutsch:

„Alle aus oder in Zusammenhang mit dem vorliegenden Vertrag sich ergebenden Streitigkeiten, einschließlich solche über sein gültiges Zustandekommen, seine Rechtswirksamkeit, seine Abänderung oder Auflösung, werden durch ein Schiedsgericht der Zürcher Handelskammer unter Ausschluss der ordentlichen Gerichte entschieden."

Englisch:

"All disputes arising out of or in connection with the present agreement, including disputes on its conclusion, binding effect, amendment and termination shall be resolved, to exclusion of the ordinary courts by an Arbitral Tribunal in accordance with the Zurich Chamber of Commerce."

Wirtschaftskammer Österreich in Wien

Deutsch:

„Alle Streitigkeiten, die sich aus diesem Vertrag ergeben oder auf dessen Verletzung, Auflösung oder Nichtigkeit beziehen, werden nach der Schieds- und Vergleichsordnung des Internationalen Schiedsgerichts der Wirtschaftskammer Österreich in Wien (Wiener Regeln) von einem oder mehreren gemäß diesen Regeln ernannten Schiedsrichtern endgültig entschieden."

Englisch:

"All disputes arising out of this contract or related to its violation, termination or nullity shall be finally settled under the Rules of Arbitration and Conciliation of the International Arbitral Centre of the Austrian Federal Economic Chamber in Vienna (Vienna Rules) by one or more arbitrators appointed in accordance with these rules."

Schiedsgericht der Handelskammer Stockholm

Deutsch:

„Alle Streitigkeiten aus oder im Zusammenhang mit diesem Vertrag, dem Verstoß gegen seine Bestimmungen, seiner Beendigung oder seiner Gültigkeit sollen abschließend entschieden werden in einem Schiedsverfahren gemäß den Regeln des Schiedsgerichtsinstituts der Handelskammer in Stockholm."

Englisch:

"Any dispute, controversy or claim arising out of or in connection with the contract, or the breach, termination or invalidity thereof, shall be settled by arbitration in accordance with the Rules of the Arbitration Institute of the Stockholm Chamber of Commerce."

London Court of International Arbitration (LCIA)

Deutsch:

„Alle sich aus oder in Zusammenhang mit diesem Vertrag ergebenden Streitigkeiten, einschließlich aller Fragen über sein Bestehen, seine Gültigkeit oder Beendigung, werden endgültig entschieden in einem Schiedsgerichtsverfahren nach der LCIA(London Court of International Arbitration)-Schiedsgerichtsordnung. Diese Schiedsgerichtsordnung gilt als durch Verweisung in diese Klausel eingefügt."

Englisch:

"Any dispute arising out or in connection with this contract, including any question regarding its existence, validity or termination, shall be referred to and finally resolved by arbitration under the LCIA (London Court of International Arbitration) Rules, which Rules are deemed to be incorporated by reference into this clause."

CIETAC

Englisch:

"Any dispute arising form or in connection with this Contract shall be submitted to China International Economic and Trade Arbitration Commission for arbitration which shall be conducted in accordance with the Commission's arbitration rules in effect at the time of applying for arbitration. The arbitral award ist final and binding upon both parties. The language of procedure shall be English."

Deutsche Institution für Schiedsgerichtsbarkeit (DIS)

Deutsch:

„Alle Streitigkeiten, die sich im Zusammenhang mit diesem Vertrag oder über seine Gültigkeit ergeben, werden nach der Schiedsgerichtsordnung der Deutschen Institution für Schiedsgerichtsbarkeit e.V. (DIS) unter Ausschluss des ordentlichen Rechtsweges endgültig entschieden."

Englisch:

"All disputes arising in connection with this contract or its validity shall be finally settled in accordance with the Arbitration Rules of the German Institution of Arbitration e.V. (DIS) without recourse to the ordinary courts of law."

American Arbitration Association (AAA)

Englisch:

"Any controversy or claim arising out of or relating to this contract, or the breach hereof, shall be settled by arbitration in accordance with the Commercial Arbitration Rules of the American Arbitration Association and judgement upon the award rendered by the Arbitrator(s) may be entered in any Court having jurisdiction thereof."

Checkliste 30: Anwendung des UN-Kaufrechts bei Auslandsverträgen

Definition

Das UN-Kaufrecht (CISG) ist das von den Vereinten Nationen entwickelte Kaufrecht. Es ist inzwischen international weit verbreitet, insbesondere in den wichtigsten Absatzländern Deutschlands.

Die Abkürzung „CISG" bedeutet United Nations Convention on Contracts for the international Sale of Goods. Es wird auch als „UN-Kaufrecht" oder „UNCITRAL-Kaufrecht" bezeichnet.

Das CISG ist ein deutsches Gesetz. Es findet auch Anwendung, wenn der Vertragspartner seinen Sitz (Niederlassung) in einem Vertragsstaat hat und das Recht eines Vertragsstaates vereinbart wurde. In diesem Fall verdrängt es das nationale unvereinheitlichte Kaufrecht.

Problemstellung

Wenn ein deutscher Exporteur in einem Liefervertrag die Gültigkeit des deutschen Rechts vereinbart, geht er in aller Regel davon aus, dass für diesen Vertrag das deutsche BGB bzw. HGB zur Anwendung kommt. Da Deutschland am 1.1.1991 das UN-Kaufrecht (CISG) anerkannt hat, werden für diesen Vertrag nun nicht mehr die Regelungen des BGB bzw. HGB angewandt, sondern die Regelungen des CISG.

Will man CISG ausschließen und innerdeutsches Recht vereinbaren, da dieses besser bekannt ist, etwas verkäuferfreundlicher ist und bei dem eine gefestigte Rechtsprechung vorliegt, muss man dies ausdrücklich erwähnen: Es gilt deutsches Recht unter Ausschluss des UN-Kaufrechts.

Beispiel

Ein deutscher Exporteur liefert nach Frankreich. Das anwendbare Recht ist für dieses Vertragsverhältnis nicht vertraglich geregelt. Sollte es aus diesem Vertrag zu einem Rechtsstreit kommen, dann gilt hierfür das Recht des Landes des Exporteurs, hier also deutsches Recht. Da Deutschland aber seit 1.1.1991 dem UN-Kaufrecht beigetreten ist, gilt somit in erster Linie CISG und ergänzend für die Fragen, die das CISG nicht regelt, gelten BGB und HGB.

Checkliste

Wenn „deutsches Recht" ohne irgendeinen Zusatz vereinbart wurde, dann kommen bei Exportkaufverträgen in aller Regel nicht das BGB bzw. das HGB zur Anwendung, sondern das CISG findet Anwendung, wenn der Vertragspartner seinen Sitz (Niederlassung) in einem Vertragsstaat hat und das Recht eines Vertragsstaates vereinbart wurde.

Anwendung des UN-Kaufrechts bei Auslandsverträgen **30**

Anwendung des UN-Kaufrechts bei Auslandsverträgen	Notizen
Prüfen Sie, ob die Staaten Ihrer Handelspartner das UN-Kaufrechtsabkommen unterzeichnet haben.	

Vertragsstaaten des UN-Kaufrechtsabkommens		
Ägypten	Guyana	Paraguay
Albanien	Honduras	Peru
Argentinien	Irak	Polen
Armenien	Island	Rumänien
Aserbaidschan (ab 1.6.2017)	Israel	Russland
	Italien	Sambia
Australien	Japan	San Marino
Bahrain	Kanada	Schweden
Belarus	Kirgisistan	Schweiz
Belgien	Kolumbien	Serbien
Benin	Kroatien	Singapur
Bosnien-Herzegowina	Kuba	Slowakei
Brasilien	Lesotho	Slowenien
Bulgarien	Lettland	Spanien
Burundi	Libanon	Südkorea
Chile	Liberia	St. Vincent und die Grenadinen
China	Litauen	
Dänemark	Luxemburg	Syrien
Deutschland	Madagaskar	Tschechische Republik
Dominikanische Republik	Mauretanien	Türkei
Ecuador	Mazedonien	Uganda
El Salvador	Mexiko	Ukraine
Estland	Moldawien	Ungarn
Finnland	Mongolei	Uruguay
Frankreich	Montenegro	Usbekistan
Gabun	Neuseeland	Vereinigte Staaten von Amerika
Georgien	Niederlande	
Griechenland	Norwegen	Vietnam
Guinea	Österreich	Zypern
Stand: 2016		

Andere Lösungsmöglichkeiten

Einschalten eines international erfahrenen Anwaltes.

Checklisten IV: Welche vertraglichen Besonderheiten sind zu berücksichtigen?

Checkliste 31: Der Handelsvertretervertrag

Definition

Der Handelsvertreter oder „Agent" vermittelt im Auftrag, im Namen und auf Risiko des Exporteurs Kauf- und Lieferverträge zu den von ihm betreuten Kunden in seinem Vertretungsbezirk.

Der Handelsvertreter unterscheidet sich durch diese „Vermittlungstätigkeit" vom Wiederverkäufer (Händler oder „Distributor"), der Produkte vom Auftraggeber einkauft und in eigenem Namen und auf eigene Rechnung verkauft.

In Deutschland, in der EU sowie in weiteren Ländern ist der Gestaltungsspielraum von Verträgen mit Handelsvertretern gesetzlich geregelt.

Es empfiehlt sich, vor Start einer Zusammenarbeit mit einem Handelsvertreter einen schriftlichen Vertrag abzuschließen. Hierbei ist zu prüfen, ob und welche Vertragsbestandteile nach dem vereinbarten Landesrecht zwingend vorgeschrieben sind.

Es wird abgeraten, die Zusammenarbeit mit einem Handelsvertreter ohne schriftliche Vereinbarung zu beginnen. Für ein solches „Geschäftsverhältnis" gelten dann häufig „automatisch" die rechtlichen Grundlagen des Landes, in dem der Handelsvertreter tätig wird.

Problemstellung

▶ Häufig übernehmen Exporteure Verträge, die sie mit inländischen Vertretern geschlossen haben, auch für das Ausland. Grundsätzlich ist gegen eine derartige Vorgehensweise nichts einzuwenden. Jedoch muss berücksichtigt werden, dass es in verschiedenen Ländern zwingende Vorschriften gibt, gegen die der Vertrag nicht verstoßen darf. Dies zumindest ist von Land zu Land zu prüfen.

▶ Gibt es nicht einen **Mustervertrag**, der für mich anwendbar ist? Dieser Wunsch wird häufig geäußert. Aber aus ähnlichen Gründen, wie zuvor dargestellt, kann die Verwendung von „allgemeingültigen" Musterverträgen problematisch sein. Dennoch gibt es hier gute Anleitungen, die zur Orientierung herangezogen werden können und die z. B. vom Verlag des VDMA (Verband Deutscher Maschinen- und Anlagenbau)[18] bezogen werden können. Die Einschaltung eines auslandserfahrenen Anwaltes ist aber immer zu empfehlen.

▶ Bei der Ausarbeitung eines Vertrages mit einem im Ausland tätigen Handelsvertreter steht der deutsche Exporteur vor dem Problem, welches **Recht** für diesen Vertrag gültig sein soll. In vielen Fällen ist das Recht frei vereinbar, in anderen Ländern ist es jedoch vorgeschrieben, dass derartige Verträge nach dem Recht des Landes abgeschlossen werden müssen, in dem der Vertreter tätig ist.

▶ Exporteure werden von ausländischen Handelsvertretern häufig gebeten, **exklusiv** tätig werden zu dürfen. Diese Verpflichtung des Exporteurs, im Vertragsgebiet kei-

---
18 Die Internetadresse finden Sie im Anhang.

nen weiteren Agenten für die Vertragsprodukte einzusetzen, sollte in einer Anfangsphase der Zusammenarbeit gekoppelt werden an einen Mindestumsatz. Sollte dieser einmalig oder wiederholt nicht erreicht werden, kann sich der Exporteur vorbehalten, dass er z. B. einen weiteren Vertreter einsetzen darf.

▶ Eine andere Regelung könnte darin bestehen, dass zunächst nicht ein Gebiet „exklusiv" geschützt wird, sondern nur die vom Vertreter vermittelten Kunden. Sollten die Leistungen des Vertreters den Vorstellungen des Exporteurs entsprechen, kann er diesen **„Kundenschutz"**, in einen **„Gebietsschutz"**, ändern bzw. ausweiten oder aber er kann einen weiteren Vertreter einschalten, der jedoch die für den ersten Vertreter geschützten Kunden respektieren muss.

▶ Häufig wird über die Höhe und über den Umfang der Provision ausgiebig verhandelt, dennoch können hier immer wieder Probleme entstehen. Wird dem Vertreter ein Gebietsschutz eingeräumt, werden üblicherweise alle aus diesem Gebiet eingehenden Umsätze verprovisioniert, bei einem Kundenschutz nur die Provisionen, die mit den geschützten Kunden realisiert werden.

▶ Als Anreiz für eine **Neukundenakquisition** ist es möglich, die Umsätze mit Neukunden höher zu verprovisionieren als die Umsätze mit bestehenden Kunden. Oft entsteht die Frage „Wie lange soll dies gültig sein?". Sinnvoll erscheint, hier alle Umsätze zu berücksichtigen, die innerhalb von zwölf Monaten nach dem ersten Auftrag mit diesen Kunden getätigt werden.

▶ Fragestellungen tauchen immer wieder auf, wenn ein Vertreter für das erste Jahr der Zusammenarbeit eine **„Garantieprovision"**, oder ein monatliches Fixum verlangt. Es ist hier nicht sinnvoll, dieses Fixum ohne Weiteres zu zahlen, sondern z. B. bei einer definierten Besuchsfrequenz ein Fixum pro Besuch zu zahlen, hierfür aber als „Gegenleistung" einen ausführlichen Kundenbericht vom Vertreter zu verlangen.

▶ Immer wieder sehen sich Exporteure vor die Frage gestellt, ob und in welcher Höhe **Rabatte**, die vom Vertreter als notwendig angesehen werden, gegeben werden sollten. In der Praxis kann es zweckmäßig sein, die Gewährung von Rabatten direkt mit der Höhe der bezahlten Provision zu koppeln, z. B. ein vom Vertreter gewährter Rabatt in Höhe von 1 % vermindert die zu zahlende Provision in gleicher Größenordnung.

▶ Das wohl größte Problem sowohl im Inland wie im Ausland ist verbunden mit dem **Ausgleichsanspruch** bei Vertragsbeendigung. Der Vertreter hat bei Kündigung des Vertrages durch den Unternehmer u. U. einen Ausgleichsanspruch, der ihn für den zukünftigen Einkommensverlust mit den Kunden, die er aufgebaut oder erhalten hat, entschädigen soll. In Deutschland wie auch in der EU ist der Ausgleichsanspruch „unabdingbar", d. h., er steht dem Handelsvertreter zwingend zu. Auch ein vertraglicher Verzicht auf den Anspruch ist meist ungültig. Da die Höhe des Ausgleichanspruches bis zu zwei Jahresprovisionen ausmachen kann und unterschiedliche Regelungen in vielen Ländern praktiziert werden, ist es erforderlich, dass vor Vertragsabschluss die notwendigen Informationen hierzu beschafft werden.

Checklisten IV: Welche vertraglichen Besonderheiten sind zu berücksichtigen?

▶ Kritisch ist auch eine Formulierung, mit der dem Vertreter das „derzeitige und zukünftige" Produktprogramm übertragen wird. Im Vertrag sollte das **„Vertragsprodukt"**, genau definiert werden. Bei der Ausweitung des Produktsortimentes können dem Vertreter weitere Vertragsprodukte übertragen werden.

▶ Um diese und andere Probleme rechtzeitig zu erkennen und auch im Vertrag zu berücksichtigen, sollten die in der „Checkliste" genannten Punkte pro Vertragsgebiet auf den Umfang der notwendigen Regelung untersucht und dann im Vertrag fixiert werden.

Beispiel

Ein Hersteller von Industriecomputern lernte anlässlich einer Fachmesse in Hannover einen Herrn aus Ägypten kennen, der offensichtlich über sehr gute Kontakte im Zielgruppenbereich (Maschinenbau und Medizintechnik) seines Landes verfügte. Er schlug dem Hersteller die Zusammenarbeit vor und man einigte sich, dass der „Vertreter" für jedes vermittelte Geschäft eine Provision in Höhe von 8 % erhielt.

Eine schriftliche Vereinbarung unterblieb, weil der Hersteller zunächst die Arbeitsweise und das Engagement des Vertreters kennen lernen wollte.

Er glaubte, dass dieses Verhältnis „vertragsfrei" sei und er jederzeit dieses „Verhältnis" auflösen könne.

Er hatte jedoch nicht berücksichtigt, dass bereits durch „Tätigwerden" des Vertreters ein Vertragsverhältnis begründet wurde, für welches das Recht des Landes gilt, in dem der Vertreter tätig ist. Das Recht dieses Landes sieht vor, dass der Vertrag nur dann beendigt werden kann, wenn der Vertreter dem zustimmt, und dass dem Vertreter sogar ein Entschädigungsanspruch, zusteht.

Checkliste

Der Handelsvertretervertrag – Grundsätze für die Ausarbeitung von Handelsvertreterverträgen	Notizen
Haben Sie möglichst schon in der Überschrift des Vertrages ausgedrückt, dass es sich um einen Handelsvertretervertrag (nicht um einen „Vertriebsvertrag") handelt?	
Es ist zu beachten, dass, falls nicht ausdrücklich ein bestimmtes Recht – z. B. das deutsche Handelsvertreterrecht – vereinbart wurde, Streitigkeiten üblicherweise nach dem Recht des Landes entschieden werden, in dem der Handelsvertreter tätig ist.	
Es ist zu beachten, dass es in manchen Ländern unterschiedliche Arten von Handelsvertretern gibt. Es handelt sich hierbei meist um Mischformen zwischen den bei uns üblichen „freien Handelsvertretern" und fest angestellten Mitarbeitern.	

Der Handelsvertretervertrag 31

Der Handelsvertretervertrag – Grundsätze für die Ausarbeitung von Handelsvertreterverträgen	Notizen
Es ist zu beachten, dass die zwingenden Bestimmungen des deutschen Handelsvertreterrechts gem. § 92c HGB nicht für Handelsvertreter außerhalb der EU gelten.	
Haben Sie sichergestellt, dass bei langfristigen Exklusivverträgen eine vorzeitige Vertragsbeendigung sichergestellt sein muss, falls die Leistungen des Vertreters unbefriedigend sind?	
Haben Sie Umsatzziele, an denen sich die tatsächlichen Leistungen Ihres Vertreters objektiv messen lassen, vereinbart?	
Enthält der Vertrag einen Passus, der den Handelsvertreter zu regelmäßigen Informationen über die Marktentwicklung (möglichst einmal pro Quartal) verpflichtet?	
Haben Sie Ihren Auslandsvertreter verpflichtet, regelmäßig einmal pro Monat über die für Ihr Unternehmen durchgeführte Arbeit zu berichten?	
Ist sichergestellt, dass der Handelsvertreter angehalten ist, die Kreditwürdigkeit von Kunden laufend sorgfältig zu überprüfen? Zum Beispiel ist das dadurch umzusetzen, dass die Provisionen erst dann an den Vertreter ausgezahlt werden, wenn die Zahlungen des Kunden bei Ihnen eingegangen sind.	

Der Handelsvertretervertrag – Inhalt von Verträgen mit Handelsvertretern		Notizen
Bezeichnung des Vertrages	Ist in der Überschrift des Vertrages ausdrücklich festgehalten worden, dass es sich um einen Handelsvertretervertrag handelt?	
Vertragsparteien	Sind Name, Anschrift (kein Postfach!), Rechtsform, gesetzlicher Vertreter, Sitz und Niederlassung aufgeführt?	
Vertretung oder Alleinvertretung	Ist angegeben, ob der Handelsvertreter berechtigt sein soll, das Unternehmen in einem bestimmten Gebiet ausschließlich zu vertreten?	
Vertragsgebiet	Ist die räumliche und/oder persönliche (bestimmte Kunden) und/oder produktbezogene Abgrenzung zu definieren?	

Checklisten IV: Welche vertraglichen Besonderheiten sind zu berücksichtigen?

Der Handelsvertretervertrag – Inhalt von Verträgen mit Handelsvertretern		Notizen
Gegenstand der Vertretung	Ist die Bezeichnung der Vertragsprodukte erfolgt?	
Pflichten des Handelsvertreters	Sind die Pflichten des Handelsvertreters definiert? Hierzu können zählen: ▶ Rechtsstellung gegenüber Dritten (Vollmacht zur Vermittlung oder zum Abschluss von Geschäften) ▶ allgemeine Unterrichtung (z. B. über Marktsituation, Konkurrenz) ▶ Information über die eigene Tätigkeit ▶ Prüfung der Kreditwürdigkeit von Kunden ▶ Mindestumsatz ▶ Beteiligung an Messen und Ausstellungen ▶ Werbung	
Pflichten des Unternehmens	Sind die Pflichten des Unternehmers definiert? Diese können beinhalten: ▶ Annahme von Aufträgen ▶ Überlassung von Preislisten, Werbematerial, Mustern ▶ Zahlung der Provision	
Provision	Sind Provisionssatz sowie die Art der Provisionsermittlung und -auszahlung genau definiert?	
Vertragsdauer	Sind Beginn und Laufzeit des Vertrages angegeben?	
Beendigung des Vertragsverhältnisses	Wurden Kündigungsfristen genannt? Bei Unterstellung unter deutsches Recht ist § 89 HGB zu beachten.	
Rechtsfolgen bei der Vertragsbeendigung	Ist der etwaige Ausgleichsanspruch des Handelsvertreters geregelt? Bei Unterstellung unter deutsches Recht ist der Ausgleichsanspruch zwingend, wenn der Handelsvertreter im Gebiet der EU oder anderer Vertragsstaaten des Abkommens über den Europäischen Wirtschaftsraum (EWR) tätig ist.	

Der Handelsvertretervertrag – Inhalt von Verträgen mit Handelsvertretern		Notizen
Wettbewerbsabreden	Ist es zulässig oder nicht, dass der Handelsvertreter zugleich für Konkurrenzfirmen tätig ist?	
Anzuwendendes Recht	Welches Recht gilt?	
Eventuell Schiedsgerichtsvereinbarung (vorsorglich Extraurkunde)	Wurde eine Schiedsgerichtsvereinbarung verabredet?	
Gerichtsstandsvereinbarung	Wie ist die Gerichtsstandsvereinbarung verfasst?	
Maßgebende Fassung	Wurde – bei mehrsprachig abgefassten Verträgen – angegeben, welcher Text für die Auslegung maßgebend sein soll?	
Unterschrift der Vertragsparteien mit Ort und Datum	Haben die Vertragsparteien mit Angabe von Ort und Datum unterschrieben?	

Andere Lösungsmöglichkeiten

Sollte es problematisch sein, geeignete Vertreter im Zielland zu finden – was derzeit insbesondere in den osteuropäischen Ländern zu beobachten ist –, ist zu überlegen,

- ▶ ob mit einer Firma, die ein ergänzendes Produktprogramm herstellt und die in dem Zielland bereits vertreten ist, eine Vertriebskooperation eingegangen werden sollte,
- ▶ ob an Stelle der Zusammenarbeit mit einem Handelsvertreter ein fest anzustellender Reisender eingesetzt werden sollte (umsatzabhängige Bezahlung sowie weitere Vereinbarungen, um hohe Fixkosten zu vermeiden).

Bei Ausarbeitung eines eigenen Handelsvertretervertrages ist es u. U. empfehlenswert, den ins Auge gefassten Handelsvertreter zu bitten, einen eigenen Vertragsvorschlag zu machen. Dies empfiehlt sich auf jeden Fall dann, wenn es sich um größere Vertretungsfirmen handelt, die bereits für andere ausländische Hersteller tätig sind.

Checklisten IV: Welche vertraglichen Besonderheiten sind zu berücksichtigen?

Weitere Hilfen

- länderspezifische Fachinformationen über Ihre IHK
- Musterverträge vom VDMA[19]
- Außenhandelskammer (AHK) im Zielland
- länder- und fachspezifisches Informationsmaterial z. B. über die GTAI[20]

---

19 Die Internetadresse finden Sie im Anhang.
20 Ebd.

Checkliste 32: Der Händler-/Wiederverkäufervertrag

▶ Definition

Der Händler/Wiederverkäufer kauft vom Lieferanten und verkauft die Ware im eigenen Namen und auf eigene Rechnung an seine Kunden.

Unter der Bezeichnung Händler/Wiederverkäufer können Importeure, Großhändler, Warenhauskonzerne, Fachhandelsketten usw. fallen. Im englischsprachigen Ausland werden derartige Vertragspartner häufig „Distributoren" benannt.

❓ Problemstellung

Ein dem „Handelsvertreterrecht" ähnliches „Vertragshändlerrecht" gibt es im Ausland (bis auf wenige Ausnahmen) nicht. Bei der Auslegung von Händlerverträgen werden daher häufig die Regelungen über Kaufverträge und Dienstverträge, aber auch die Bestimmungen des jeweils gültigen Handelsvertreterrechts herangezogen.

In der Formulierung eines Vertrages mit dem ausgewählten „Distributor" ist man frei – mit Ausnahme evtl. zu beachtender zwingender Rechtsvorschriften (ordre public). Insbesondere in den arabischen Ländern gibt es hier oftmals Regelungen, die vom Exporteur unbedingt beachtet werden sollten.

Da es in den meisten Ländern kein „Vertragshändlerrecht" gibt, gehen viele Exporteure davon aus, dass ein nach einem solchen Recht möglicher Entschädigungs- bzw. Ausgleichsanspruch nicht gegeben ist.

In zunehmendem Maße ist jedoch festzustellen, dass in der Rechtsprechung verschiedener Länder dem Händler ein Entschädigungsanspruch zugestanden ist, wenn er verpflichtet war, dem Vertragspartner Informationen über die mit den Vertragsprodukten belieferten Kunden zu geben.

⚙ Beispiel

Ein deutscher Hersteller von Befestigungselementen hat mit einem Großhändler in Lissabon einen Händlervertrag abgeschlossen. Hiernach überträgt der Hersteller dem Händler das Recht zur Belieferung aller Kunden in Portugal. Im Vertrag sind die Lieferbedingungen und die Zahlungsbedingungen festgelegt worden.

Ebenso ist ein Mindestumsatz für das erste Vertragsjahr vereinbart worden. Dieser Mindestumsatz wird für jedes weitere Vertragsjahr zwischen beiden Vertragsparteien neu vereinbart.

Checklisten IV: Welche vertraglichen Besonderheiten sind zu berücksichtigen?

✓ Checkliste

Der Händler-/Wiederverkäufervertrag		Notizen
Bezeichnung des Vertrages	Ist in der Überschrift des Vertrages ausdrücklich festgehalten, dass es sich um einen Händlervertrag handelt?	
Vertragsparteien	Sind Name, Anschrift, Rechtsform, gesetzlicher Vertreter, Sitz und Niederlassungen eindeutig bezeichnet?	
Rechtsstellung der Vertragsparteien	Ist klargestellt, dass der Händler im eigenen Namen und auf eigene Rechnung kauft und verkauft?	
Vertragsgegenstand	Sind die Vertragsprodukte eindeutig definiert?	
Kunden	Ist evtl. geregelt, dass der Export zur Direktbelieferung bestimmter Kundengruppen berechtigt ist?	
Vertragsgebiet	Ist das Gebiet, in dem der Importeur Exklusivrechte zum Weiterverkauf hat, eindeutig geregelt?	
Verkaufsförderung	Ist vereinbart, dass der Händler alles tun sollte, um einen möglichst hohen Umsatz zu erreichen? Ist er in diesem Zusammenhang verpflichtet, in einem bestimmten Mindestumfang Werbung zu betreiben und an Messen teilzunehmen? Ist beachtet worden, dass es evtl. sinnvoll ist, einen Mindestumsatz festzulegen verbunden mit dem Recht des Exporteurs, den Vertrag vorzeitig kündigen zu können, falls dieser Umsatz nicht erzielt wird?	
Preisgestaltung	Ist beachtet worden, dass der Händler in der Gestaltung seiner Verkaufspreise frei ist, da eine Vorgabe der Verkaufspreise durch den Exporteur in vielen Ländern unzulässig ist?	

Der Händler-/Wiederverkäufervertrag		Notizen
Eigentumsvorbehalt	Ist berücksichtigt worden, dass die in Deutschland üblichen Regelungen zum Eigentumsvorbehalt in vielen Ländern unbekannt bzw. ungültig sind, dass eine landesbezogene Prüfung über die wirksame Vereinbarung einer Eigentumsvorbehaltsklausel daher erforderlich ist?	
Kundendienst	Ist eine Regelung getroffen worden, dass der Händler den Kundendienst für die gelieferten Produkte durchzuführen hat?	
Werbung	Ist die Durchführung von Werbemaßnahmen im Auftrag und auf Rechnung des Exporteurs oder mit Zustimmung des Exporteurs auf eigene Rechnung geregelt?	
Ausgleichsanspruch	Ist geprüft worden, ob dem Händler bei Beendigung des Vertragsverhältnisses ein Entschädigungsanspruch zusteht (z. B. wenn er verpflichtet wurde, kundenbezogene Informationen an den Lieferanten zu liefern)?	
Schutz der gewerblichen Rechte	Ist sichergestellt, dass der Händler verpflichtet wurde, Schutzrechte wie Marken und Patente des Exporteurs nicht anzugreifen? Ist ihm untersagt worden, Handlungen, die die Schutzrechte des Exporteurs beeinträchtigen, zu unterlassen?	
Einschränkung der Vertragsfreiheit	Bestehen landesspezifische zwingende Vorschriften (ordre public), die die Vertragsgestaltung einengen; wurden Regelungen des EU-Kartellrechts sowie des US-Kartellrechts beachtet?	

Weitere Hilfen

Informationen über exportstarke Fachverbände, wie z. B. den Verband Deutscher Maschinen- und Anlagenbau (VDMA), Frankfurt.[21]

---

21 Die Internetadresse finden Sie im Anhang.

Checkliste 33: Der Joint-Venture-Vertrag

▶ Definition

Wenn die Zusammenarbeit mit einem ausländischen Geschäftspartner über ein reines Lieferverhältnis ausgeweitet werden soll, so ist es möglich, z. B. ein Gemeinschaftsunternehmen mit eigener Rechtspersönlichkeit zu gründen, im Rahmen einer Gesellschaft bürgerlichen Rechts (ARGE) tätig zu werden oder sich im Rahmen einer stillen Gesellschaft zu beteiligen.

Joint Ventures sind Gemeinschaftsunternehmen, die von in- und ausländischen Geschäftspartnern gegründet werden, i. d. R. nach dem Gesellschaftsrecht des Staates, in dem das Joint Venture seinen Sitz hat.

❓ Problemstellung

Es ist immer wieder festzustellen, dass nach der Gründung eines Joint-Venture-Unternehmens der deutsche Joint-Venture-Partner mit erheblichen Problemen konfrontiert wird. Diese resultieren daraus, dass der ausländische Joint-Venture-Partner von einer zu hohen Erwartungshaltung ausgeht, insbesondere auch was die Einflussnahme auf die Geschäftsführung sowie auf die Ertragssituation angeht.

Bevor die Gründung eines Joint-Venture-Unternehmens ins Auge gefasst wird, sollte daher der deutsche Joint-Venture-Partner prüfen, ob er tatsächlich den bestgeeigneten ausländischen Partner gewonnen hat, ob die Rahmenbedingungen und Ziele des Joint-Venture-Unternehmens genau abgestimmt sind und ob beide Partner voll hinter einem gemeinsam ausgearbeiteten Unternehmensplan stehen.

Außerdem sollte geprüft werden, ob die Gründung eines Joint Ventures tatsächlich die beste Alternative darstellt. Eventuell empfiehlt es sich, ein 100 % eigenes Unternehmen zu gründen.

⚙ Beispiel

Ein deutscher Unternehmer hatte gemeinsam mit einem Partner eines osteuropäischen Landes beschlossen, ein Gemeinschaftsunternehmen zur Herstellung von Landmaschinenteilen zu gründen. Das Grundkapital bestand aus einer Bareinlage des deutschen Gesellschafters und einem Grundstück, welches der osteuropäische Partner mit in die Gesellschaft einbrachte.

Im Joint-Venture-Vertrag war vereinbart worden, dass die Geschäftsführung beim ausländischen Partner liegt und nur bei wichtigen Entscheidungen der deutsche Partner gemeinsam mit dem Joint-Venture-Partner entscheidet.

Nach kurzer Zeit war die vom deutschen Partner eingebrachte Liquidität verbraucht. Der ausländische Partner hatte seine gesamte Familie beschäftigt und hierfür überhöhte Gehälter gezahlt und war davon ausgegangen, dass der deutsche Partner weiteres Kapital nachschießt.

☑ Checkliste

Der Joint-Venture-Vertrag	Notizen
Wurden im Zusammenhang mit der Gründung eines Joint-Venture-Unternehmens folgende Sachverhalte geklärt?	
Vereinbarung eines bestimmten Unternehmenskonzepts für das Joint Venture: Produktpalette, Kapazität, Zielmarkt?	
Investitionsvolumen?	
Finanzierung, insbesondere die finanziellen Beiträge der einzelnen Partner?	
Rechtsform des Gemeinschaftsunternehmens, Kapital und Kapitalteile der einzelnen Partner?	
Organe und Organbesetzung, Mehrheiten in den Organen?	
Aufbau-Management, d. h. Management während der Errichtungsphase bis zum Produktionsbeginn?	
Beiträge einzelner Partner in der Aufbauphase (z. B. Anlagenlieferung, Engineering)?	
Management während der Produktionsphase? Unter Management ist dabei auch an die Führungskräfte zu denken, die nicht Organe sind.	
Personalauswahl und -entsendung? Sehr häufig werden Führungskräfte von den Mutterunternehmen zum Joint Venture abgestellt.	
Know-how, Lizenzen, Patentlizenzen, Personalschulung usw.?	
Liefer- und Leistungsbeziehungen des Gemeinschaftsunternehmens zu den Mutterunternehmen (z. B. Komponentenlieferung, Regelungen über Produktabnahme usw.)?	
Zielmarkt und Vermarktungswege, Wettbewerbsfragen zwischen Mutterunternehmen und Gemeinschaftsunternehmen, u. U. auch zwischen den Mutterunternehmen?	
Fragen des Rechnungswesens und Berichtspflichten des Gemeinschaftsunternehmens?	
geschäftspolitische Grundsatzfragen (z. B. Ausschüttungspolitik)?	

Checklisten IV: Welche vertraglichen Besonderheiten sind zu berücksichtigen?

Der Joint-Venture-Vertrag	Notizen
Regelungen über die Vorgründungsphase bis zur Gründung des Gemeinschaftsunternehmens?	
Regelungen über Beendigung eines Joint Ventures?	
Rechtswahl, Schiedsgerichtsbarkeit usw.?	

Andere Lösungsmöglichkeiten

Ein Joint-Venture-Unternehmen wurde in der Vergangenheit häufig deswegen gegründet, weil es für deutsche Unternehmen nicht möglich war, in bestimmten Ländern ein 100 % eigenes Unternehmen zu gründen.

Inzwischen hat sich dies aber zumindest in Osteuropa geändert und es sind Gründungen von Firmen möglich, die zu 100 % dem ausländischen Investor gehören.

Weitere Hilfen

- VDMA – Verband Deutscher Maschinen- und Anlagenbau[22]
- Fachanwalt
- Auslandshandelskammern (AHK) im Zielland

---

22 Die Internetadresse finden Sie im Anhang.

Checkliste 34: Der Lizenzvertrag

▶ Definition

Mit einem Lizenz- oder Know-how-Vertrag räumt der Urheber oder Inhaber staatlich verliehener Rechte (Patente, Gebrauchsmuster, Geschmacksmuster, Warenzeichen usw.) bzw. Inhaber besonderer Kenntnisse, Erfahrungen und Technologien (Know-how) einem Dritten (Lizenznehmer) die Nutzung dieser Rechte und Kenntnisse ein.

In den meisten Ländern gibt es keine spezielle Gesetzgebung für die Überlassung von Rechten für dieses Know-how. Die Vertragsparteien sind daher in der Gestaltung ihrer Verträge frei.

❓ Problemstellung

Es ist zu beobachten, dass der Lizenznehmer eher dazu neigt, Verträge abzuschließen, mit denen er sich verpflichtet, ausschließlich eine Stücklizenz zu zahlen. Für den Lizenzgeber jedoch ist es oftmals problematisch, nachzuvollziehen, wie viele Lizenzprodukte produziert bzw. verkauft wurden. Daher sollte er in dem Vertrag Prüfungsmöglichkeiten vereinbaren, die es ihm ermöglichen, die tatsächliche Höhe der zu zahlenden Lizenz festzustellen.

⚙ Beispiel

Mit dem Lizenznehmer wurde vereinbart, dass ein bestimmtes für die Herstellung des Lizenzproduktes benötigtes Steuerteil, welches weltweit ausschließlich vom Lizenzgeber produziert wurde, für die Herstellung der Lizenzprodukte vom Lizenzgeber zugekauft werden muss. Anhand der Menge der gelieferten Zukaufteile konnte auf die Menge der hergestellten Lizenzprodukte geschlossen werden, sodass die pro hergestelltes Lizenzprodukt vereinbarte Lizenzgebühr hiermit feststellbar war.

✔ Checkliste

Bezüglich der wichtigsten Vertragsbestandteile sollten folgende Inhalte vorgesehen bzw. überprüft werden:

Der Lizenzvertrag		Notizen
Vertragsparteien	Name, Adresse, gesetzlicher Vertreter	
Inhalt der Übertragung	▶ Gebrauchslizenz ▶ Herstellungslizenz ▶ Betriebslizenz ▶ Vertriebslizenz	

Checklisten IV: Welche vertraglichen Besonderheiten sind zu berücksichtigen?

Der Lizenzvertrag		Notizen
Pflichten des Lizenzgebers	▶ Übergabe der Produkt- bzw. Verfahrensdokumentation ▶ Lieferung von Bauteilen oder Vormaterialien an den Lizenznehmer ▶ fachliche Beratung des Lizenznehmers ▶ Rückkauf bestimmter Mengen des Lizenzproduktes	

Pflichten des Lizenznehmers	▶ Zahlung der vereinbarten Lizenzgebühren, die sich häufig aus mehreren Komponenten zusammensetzen, wie z. B.:
	  – Einmalzahlung (Down Payment)
	  – Mindestlizenz pro Monat/Jahr
	  – Stücklizenz
	▶ Pflicht zur Ausübung der Lizenz
	▶ Einhaltung von Qualitätsstandards für die Lizenzprodukte
	▶ Verwendung bestimmter Zulieferteile des Lizenzgebers
	▶ Geheimhaltungsverpflichtung	

Geografischer Geltungsbereich	Festlegung des Landes, in dem der Lizenznehmer die Lizenzprodukte verwerten kann, sowie eventueller Exportmärkte	
Kennzeichnung der Lizenzprodukte	soweit gewünscht, Hinweis auf den Lizenzgeber vereinbaren	
Kontrollrechte des Lizenzgebers	ggf. über den vertraglich vereinbarten Zukauf von Schlüsselteilen vom Lizenzgeber, auf jeden Fall aber Prüfungsmöglichkeiten durch einen vom Lizenzgeber beauftragten Wirtschaftsprüfer	
Abrechnung und Zahlung des Lizenzgebers	▶ Festlegung von Währung und Abrechnungsterminen ▶ Zahlung zu welchem Kurs	
Besteuerung der Lizenzgebühren	Regelung unter Berücksichtigung von Doppelbesteuerungsabkommen und länderspezifischem Steuerrecht	

Der Lizenzvertrag		Notizen
Vertragsdauer	Laufzeiten festlegen	
Recht und Gerichtsstand/Schiedsgericht	festlegen	

Weitere Hilfen

▶ Fachanwalt

▶ Informationen über Fachverband (z. B. VDMA)[23]

---

23 Die Internetadresse finden Sie im Anhang.

Checklisten V: Welche Einzelmaßnahmen der Exportabwicklung sind zu beachten?

35 Abwicklung eines Exportauftrages

36 Kalkulation des Exportpreises

37 Risiko einzelner Zahlungsbedingungen

38 Formulierung exportbezogener Zahlungsbedingungen

39 Vorauskasse – überzeugende Argumente

40 Das Dokumentenakkreditiv

41 Das Dokumenteninkasso

42 Der Wechsel – ein Instrument der Forderungsabsicherung

43 Factoring

44 Forfaitierung

45 Blockierte Avalkreditlinien? Avalgarantie!

46 Garantien im Auslandsgeschäft

47 Einzug von überfälligen Kundenforderungen

48 Reklamationsbearbeitung

49 Die richtige Anwendung der INCOTERMS

50 Vorsicht bei der Kombination von Dokumentenakkreditiv und INCOTERMS

51 Preisverhandlungen unter Berücksichtigung von INCOTERMS

52 Die Importbestimmungen anderer Staaten – Vorsicht vor versteckten Zusatzkosten!

Sie können die im Buch enthaltenen Checklisten auch im AW-Portal als ausfüllbare Word-Dateien downloaden. Sie finden die Dateien unter:
www.aw-portal.de/checklisten.

Checkliste 35: Abwicklung eines Exportauftrages

▶ Definition
Mit dem Auftrag des Importeurs und der Lieferung der angebotenen Sache durch den Exporteur ist ein Liefervertrag zustande gekommen, der nun vom Exporteur innerhalb der vereinbarten Frist abgewickelt werden muss.

❓ Problemstellung
Da mit der Abwicklung eines Exportauftrages gegenüber einem Inlandsgeschäft eine Vielzahl von zusätzlichen Schritten zu erledigen ist, besteht die Gefahr, dass die Einhaltung des vereinbarten Liefertermins bzw. die rechtzeitige Abwicklung der für den Zahlungseingang benötigten Akkreditivdokumente unter einem unerwarteten Zeitdruck steht und hieraus Fehler entstehen können.

⚙ Beispiel
Für die Abwicklung des Dokumentenakkreditivs ist eine beglaubigte Handelsrechnung gefordert. Der Exporteur hat übersehen, dass das Konsulat aufgrund der Ferienzeit die erforderliche Beglaubigung nicht innerhalb der vom Exporteur gewünschten Zeit durchführen konnte.

✓ Checkliste
Prüfen Sie, ob Sie die notwendigen Schritte bei der Abwicklung Ihres Exportauftrages berücksichtigt haben (s. Abb. 2):

Abwicklung eines Exportauftrages		Notizen
1. Vom Produkt zur Auftragsbestätigung		
Produkt	▶ Kann die Ware in der bestellten Ausführung geliefert werden? ▶ Stimmen die technischen Normen mit denen des Empfangslandes überein (z. B. Stromspannung, Maschinenschutzbestimmungen)? ▶ Entspricht die Ware dem Lebensmittelrecht oder sonstigen besonderen Registrierungsvorschriften des Empfangslandes?	

Abwicklung eines Exportauftrages		Notizen
Liefer-konditionen	▶ Stimmen die Lieferkonditionen mit dem Angebot überein oder können sie akzeptiert werden? **Tipp** Besonders zu beachten sind hier Preisstellung, Versicherung, Lieferzeit und Zahlungsbedingungen!	
Akkreditiv-bedingungen	▶ Können Verfall und Einreichungsdaten eingehalten werden und die geforderten Dokumente beigebracht werden?	
Ausfuhrgenehmigung	▶ Ist die Ausfuhr genehmigungsfrei? ▶ Wenn die Ausfuhr genehmigt werden muss, wird die Genehmigung erteilt?	
2. Von der Auftragsbestätigung bis zur Zahlung		
Vor dem Verpacken und dem Versand der Ware	▶ Muss Handelsware bestellt werden? ▶ Ist Verpackungsmaterial zu besorgen? ▶ Ist Frachtraum zu buchen? ▶ Ist der Auftrag an die Fertigung erteilt?	
Fakturierung und Ausfuhrpapiere	▶ Wurde die Ware fakturiert? ▶ Sind die Ausfuhrpapiere erstellt worden?	
A) bei Postversand	▶ Sind die Transportdokumente erstellt worden? ▶ Ist der Versand mit einer Rechnungskopie im Paket veranlasst worden? ▶ Liegt die Transportversicherung vor?	
B) bei See, Luft, Fracht	▶ Ist der Speditionsauftrag mit Ausfuhrpapieren und Rechnungskopie erstellt worden? ▶ Liegen nach endgültigem Versand Papiere wie z. B. Seekonnossement, Luftfrachtbrief, CIM oder Frachtbrief vor? ▶ Wurde eine Transportversicherung abgeschlossen?	

Checklisten V: Einzelmaßnahmen der Exportabwicklung

Abwicklung eines Exportauftrages		Notizen
Rechnung und Zahlung	▶ Sind die Rechnungen beglaubigt und legalisiert? ▶ Sind Ursprungszeugnisse oder andere Dokumente besorgt worden? ▶ Sind Inkasso, Dokumenteneinreichung, Versandanzeige oder Direktversand der Originaldokumente an Kunden erfolgt? ▶ Ist der Zahlungseingang zu verzeichnen?	

Abwicklung eines Exportauftrages

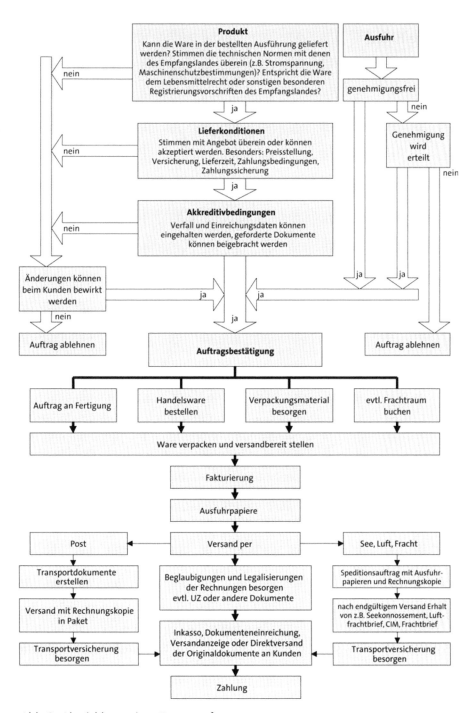

Abb. 2: Abwicklung eines Exportauftrages

Checklisten V: Einzelmaßnahmen der Exportabwicklung

⚏ Weitere Hilfen
- ▶ Ihre Hausbank
- ▶ Spedition
- ▶ Industrie- und Handelskammer

Checkliste 36: Kalkulation des Exportpreises

▶ Definition

Ziel der Preisstellung ist es, dem Exporteur bei voller Kostendeckung einen ausreichenden Absatz und einen angemessenen Gewinn zu ermöglichen.

Erhält z. B. ein deutscher Exporteur von einem chinesischen Unternehmen eine Preisanfrage über eine Lieferung DEQ Shanghai, so muss der Exporteur alle Kosten in seiner Exportkalkulation aufführen, die bis zur Ablieferung im chinesischen Hafen entstehen. Der Exporteur kann hier von seinem Preis ab Werk ausgehen und muss auf diesen Preis die erforderlichen Zuschläge aufschlagen. Der Anteil dieser Zuschläge am reinen Warenwert kann je nach Lieferbedingung und Zahlungsziel erheblich sein.

Die Exportkalkulation umfasst daher alle kostenwirksamen Maßnahmen des Exporteurs für den Verkauf seiner Ware auf dem Auslandsmarkt. Es beginnt mit dem Verkaufspreis des Herstellers im Inland (EXW) und endet je nach Lieferbedingung mit dem Verkaufspreis am benannten Lieferort auf dem Auslandsmarkt.

❓ Problemstellung

Immer wieder kann beobachtet werden, dass kleinere Unternehmen den Exportpreis kalkulieren, indem sie auf den im Inland gültigen Ex-Works-Preis (EXW) einen pauschalen Kalkulationsaufschlag aufschlagen, ohne die mit dem Export verbundenen Kosten im Einzelnen zu kalkulieren.

Dies kann dazu führen, dass mit dem Exportpreis keine Kostendeckung erreicht wird.

⚙ Beispiel

Ein mittelständisches Unternehmen in München erhielt nach der Teilnahme auf der Messe „Germany on the Gulf" die Anfrage eines Importeurs aus Saudi-Arabien. Angeboten werden sollten fünf Maschinen mit der Lieferbedingung „Geliefert, verzollt Riyadh".

Folgende Kostenelemente wurden von dem Unternehmen für dieses Geschäft ermittelt:

Materialkosten	30.000 €
Lohnkosten	22.500 €
Personalnebenkosten	16.875 €
Summe Selbstkosten	69.375 €
Gewinn 20 %	13.875 €
Kosten für seemäßige Verpackung	6.750 €
Kosten für Beglaubigungen/ Legalisierungen	1.000 €

Checklisten V: Einzelmaßnahmen der Exportabwicklung

Materialkosten	30.000 €
Transport bis Hamburg/ Längsseite Schiff	5.500 €
Kai-Umschlaggebühren	1.000 €
Seefracht	16.000 €
Transportversicherung Seefracht	3.000 €
Hafenumschlag im Bestimmungshafen	4.000 €
Landtransport bis Riyadh	6.000 €
Eingangsabgaben in Saudi-Arabien	3.500 €

Hiermit konnte folgende Kalkulation erstellt werden:

Selbstkosten ab Werk unverpackt		69.375 €
+ Gewinn		13.875 €
+ seemäßige Verpackung		6.750 €
+ Beschaffung der Dokumente		1.000 €
= Angebotspreis ab Werk	EXW	91.000 €
+ Transport bis Hafen Hamburg		5.500 €
= Angebotspreis frei Längsseite Schiff	FAS	96.500 €
+ Kai-Umschlaggebühr		1.000 €
= Angebotspreis frei an Bord	FOB	97.500 €
+ Frachtkosten bis Bestimmungshafen		16.000 €
= Angebotspreis frei Bestimmungshafen	CFR	113.500 €
+ Seetransport-Versicherung		3.000 €
= Angebotspreis frei Bestimmungshafen, versichert	CIF	116.500 €
+ Umschlagkosten Bestimmungshafen		4.000 €
+ Transportkosten bis Riyadh		6.000 €
= Angebotspreis frei Riyadh, unverzollt	DAP	126.500 €
+ Eingangsabgaben Saudi-Arabien		3.500 €
= Angebotspreis geliefert, verzollt	DDP	130.000 €

Kalkulation des Exportpreises 36

☑ Checkliste

Prüfen Sie gemäß nachfolgendem **Grundschema einer Exportkalkulation – Landtransport** die jeweils zu berücksichtigenden Kosten:

Kalkulation des Exportpreises – Preisstellung bei Lkw-/Eisenbahntransport	Notizen
1. Herstellkosten Export – Ausfuhrerstattung	
2. = Selbstkostenwert „Export Drittland" + Gewinnzuschlag + Verpackungskosten Export + Kosten Warenprüfung	
3. = Verkaufswert „Export" ab Werk EXW + Spediteurdokumente + Speditionskosten – Versandspediteur + Speditionsversicherung – Versandspediteur + Rollfuhr/Vorlaufkosten + Terminalkosten + Verladekosten	
4. = „Frei Frachtführer … benannter Ort (Lkw/Bahn)" FCA + Ausfuhrdokumente + Ausfuhrzollabfertigung + Ausfuhrabgaben + Miete für Kleinbehälter, Paletten usw. + Transportkosten bis Bestimmungsort + Transitdokumente bei Transit	
5. = Verkaufswert „Frachtfrei … benannter Bestimmungsort " CPT + Transportversicherung für den Empfänger	
6. = Verkaufswert „Frachtfrei versichert … benannter Bestimmungsort" CIP + Einfuhrdokumente + Transportkosten bis Werk des Käufers	
7. = Verkaufswert „Geliefert … benannter Bestimmungsort unverzollt" DAP + Einfuhrzollabfertigung + Einfuhrabgaben + Einfuhrumsatzsteuer	

Checklisten V: Einzelmaßnahmen der Exportabwicklung

Kalkulation des Exportpreises – Preisstellung bei Lkw-/Eisenbahntransport		Notizen
8. = Verkaufswert „Geliefert ... benannter Bestimmungsort verzollt" + eigene Transportversicherung bis Übergabeort	DDP	
= Zielverkaufswert		

Schiffstransport

Prüfen Sie gemäß nachfolgender **Kalkulation eines Seetransportes** die jeweils zu berücksichtigenden Kosten:

Kalkulation des Exportpreises – Preisstellung bei Schiffstransport		Notizen
1. Herstellkosten Export − Ausfuhrerstattung		
2. = Selbstkostenwert „Export Drittland" + Gewinnzuschlag + Verpackungskosten Export + Kosten Warenprüfung		
3. = Verkaufswert „Export" ab Werk + Kosten ab Werk bis Überseehafen Spediteurdokumente, Speditionskosten – Versandspediteur, Speditionsversicherung – Versandspediteur, Rollfuhr/Vorlaufkosten oder Bahnfracht bis „Abgangstation", Versanddokumente, evtl. Hafengebühr, Kosten Zwischenlagerung, Auslieferungsdokumente + Ausfuhrdokumente + Ausfuhrzollabfertigung + Ausfuhrabgaben + Entladekosten	EXW	
4. = Verkaufswert Überseehafen „Frei Längsseite Schiff ... benannter Verschiffungshafen" + Kosten Seehafen Lagergeld, Umschlagkosten – Beladekosten an Bord, Kosten Kai- und Hafenbetriebe, Kosten Seehafenspediteur, evtl. Konnossementspesen, Verschiffungsprovision, Konsulatsgebühren	FAS	

Kalkulation des Exportpreises – Preisstellung bei Schiffstransport		Notizen
5. = Verkaufswert „Frei an Bord … benannter Verschiffungshafen" + Kosten Seetransport Verschiffungsprovision gemäß SST, Seefracht, Konnossementgebühren, Formulare (evtl. Konsulatsgebühren, evtl. Ladelöschkosten, wenn vereinbart)	FOB	
6. = Verkaufswert Überseehafen „Kosten und Seefracht … benannter Bestimmungshafen" + See-Transportversicherung für den Empfänger	CFR	
7. = Verkaufswert Überseehafen „Kosten, Versicherung und Seefracht … benannter Bestimmungshafen" + Einfuhrdokumente (CIF inkl. Dokumente)	CIF	
= Zielverkaufswert		

Es ist außerdem zu prüfen, ob folgende Kosten für das vorliegende Geschäft relevant sind:

▶ Kosten der Finanzierung

▶ Kosten der Zahlungsabwicklung

▶ Kosten der Währungssicherung (Kurssicherung)

▶ Kosten der Forderungsabsicherung

▶ Kosten für Auslandsvertreter

▶ Kosten für Auslandsmarktbeobachtung

▶ Kosten für Auslandsmontage vor Ort

▶ auftragsbezogene Provisionskosten

▶ Gewährleistungskosten

▶ Kosten für zusätzliche Zertifizierung

▶ Kosten für notarielle Registrierung (Eigentumsvorbehalt)

▶ Verhandlungsmarge

Checklisten V: Einzelmaßnahmen der Exportabwicklung

Andere Lösungsmöglichkeiten

Bei der Kalkulation des Exportpreises ist es üblich, dass der Spediteur die INCOTERMS-bezogenen Kosten dem Exporteur angibt (evtl. sind Vergleichsangebote sinnvoll). Der Exporteur hat dann noch die Kosten, die nicht durch die INCOTERMS-Kosten abgedeckt werden, hinzuzuaddieren.

Weitere Hilfen

- ▶ Informationen über ICC – Internationale Handelskammer[24]
- ▶ Exportberater
- ▶ Spediteur

---

24 Die Internetadresse finden Sie im Anhang.

Checkliste 37: Risiko einzelner Zahlungsbedingungen

▶ Definition

Mit der Wahl der Zahlungsbedingung wird über die Sicherheit des Zahlungseinganges entschieden. Außerdem stellen die Zahlungsbedingungen neben den Lieferbedingungen ein wichtiges Kalkulationselement für den Preis der Exportware dar.

❓ Problemstellung

Bei der Vereinbarung von Zahlungsbedingungen in Kaufverträgen verfolgen Verkäufer und Käufer unterschiedliche Interessen.

Der Exporteur wird vorrangig versuchen, die Zahlung möglichst zu einem frühen Zeitpunkt zu erhalten, um damit seine Produktion teilweise bzw. in vollem Umfang finanzieren zu können und natürlich ein Zahlungsrisiko zu vermeiden bzw. zu minimieren.

Der Importeur hingegen ist daran interessiert, möglichst zu einem späten Zeitpunkt – nach Erhalt der ersten Ware – zu zahlen, um damit seine Finanzierungskosten zu minimieren und das Liefer- und Qualitätsrisiko auszuschließen bzw. zu minimieren.

⚙ Beispiel

Die günstigste Zahlungsbedingung für den Exporteur könnte lauten:

▶ Vorauszahlung durch Überweisung des Rechnungsbetrages auf unsere Kontonummer _____ an unsere Bank _____ (SWIFT-Adresse: _____) bis spätestens am _____.

Die günstigste Zahlungsbedingung für den Importeur könnte lauten:

▶ Der Rechnungsbetrag in Höhe von _____ € ist zahlbar sechs Monate nach Erhalt der Rechnung.

✅ Checkliste

Risiken einzelner Zahlungsbedingungen			Notizen
Vereinbarte Zahlungsbedingung	Sicherungswert	Prüfen Sie Ihr verbleibendes Risiko	
Vorauszahlung in voller Höhe oder in Höhe eines Teilbetrages	**Exporteur:** voll gesichert **Importeur:** volles Risiko, daher meist: Absicherungsmöglichkeit Delkredere-Versicherung	**Exporteur:** kein Risiko **Importeur:** volles Risiko	

Checklisten V: Einzelmaßnahmen der Exportabwicklung

Risiken einzelner Zahlungsbedingungen			Notizen
Vereinbarte Zahlungsbedingung	**Sicherungswert**	**Prüfen Sie Ihr verbleibendes Risiko**	
Vorauszahlung gegen Bankgarantie für die Rückzahlung bei Nichterfüllung des Vertrages	Beide Partner sind gesichert, wenn sie ihre vertraglichen Verpflichtungen erfüllen.	Risiken sind ausgewogen; Exporteur hat den Vorteil einer nahezu kostenlosen Finanzierung	
Zahlung nach Erhalt der Ware	keine Sicherung für Exporteur Abhilfe: Exportkreditversicherung (Hermes-Versicherung)	**Exporteur:** volles Risiko **Importeur:** kein Risiko	
Lieferung auf offene Rechnung	keine Sicherung für Exporteur Abhilfe: Exportkreditversicherung (Hermes-Versicherung)	**Exporteur:** volles Risiko **Importeur:** kein Risiko	
Dokumente gegen Sicht-Zahlung	**Exporteur:** übergibt Dokumente und ggf. Ware gegen Zahlung **Importeur:** bekommt Dokumente und, soweit Traditionspapiere, Ware nur gegen Zahlung	**Exporteur:** Risiko, dass Dokumentenaufnahme abgelehnt wird **Importeur:** Qualitäts- und Quantitätsrisiko	
Dokumente gegen Akzept	**Exporteur:** zusätzliches Risiko für die Einlösung des Akzeptes bei Fälligkeit Abhilfe: Bank-Aval, guter Bürge **Importeur:** erhält Dokumente und ggf. Ware bereits gegen sein Akzept	wie vorstehend, zusätzliches Exporteurrisiko für Bezahlung des Wechsels bei Fälligkeit	

Risiko einzelner Zahlungsbedingungen 37

Risiken einzelner Zahlungsbedingungen			Notizen
Vereinbarte Zahlungsbedingung	Sicherungswert	Prüfen Sie Ihr verbleibendes Risiko	
Dokumentenakkreditiv (evtl. bestätigt)	**Exporteur:** voll gesichert, wenn Akkreditiv-Bedingungen voll erfüllt werden **Importeur:** Zahlung erfolgt nur gegen Dokumente, normalerweise Versanddokumente	**Exporteur:** bei Akkreditiven erster Banken kein Risiko (insbesondere bei Bestätigung) **Importeur:** Qualitäts- und Quantitätsrisiko	

Andere Lösungsmöglichkeiten

Welche Zahlungsbedingung der Exporteur durchsetzen kann, hängt von der Stärke seiner Lieferposition im Verhältnis zur Stärke der Abnahmeposition des Importeurs ab.

Soweit der Exporteur Zahlungsbedingungen akzeptiert, die mit einem Risiko verbunden sind, ist zu prüfen, ob er den Kunden bzw. das Land des Kunden durch eine Exportkreditversicherung absichern kann.

Weitere Hilfen

Information durch die Hausbank.

Checkliste 38: Formulierung exportbezogener Zahlungsbedingungen

▶ Definition

Mit der im Kaufvertrag vereinbarten Zahlungsbedingung sollen u. a. folgende Punkte geregelt werden:

- ▶ Wer zahlt
- ▶ an wen
- ▶ wann
- ▶ wo
- ▶ welchen Betrag
- ▶ in welcher Währung?

❓ Problemstellung

Mit der Vereinbarung „der richtigen" Zahlungsbedingung wird geregelt, in welcher Weise der Importeur die Gegenleistung für die Lieferung der vereinbarten Ware zu erbringen hat.

In Abhängigkeit von den Landesgepflogenheiten, branchenspezifischen Gegebenheiten und der Marktstellung des Exporteurs können unterschiedliche Zahlungsbedingungen vereinbart werden.

Der Zahlungsbedingung „Vorauskasse" als sicherste Zahlungsbedingung im Sinne des Exporteurs steht die Lieferung mit einem „offenen Zahlungsziel" gegenüber, die für den Exporteur die ungünstigste Form darstellt.

Oftmals werden Zahlungsbedingungen unpräzise formuliert, sodass eine Verzögerung bei der Zahlungsabwicklung eintreten kann.

⚙ Beispiel

Der Rechnungsbetrag in Höhe von _____ € ist zahlbar nach Abnahme der Ware.

Da nicht geklärt ist, wann die Abnahme der Ware erfolgt, ist nicht definiert, wann der Rechnungsbetrag zur Zahlung fällig ist!

Formulierung exportbezogener Zahlungsbedingungen **38**

✅ Checkliste

Es ist zu prüfen, welche der nachfolgenden Zahlungsbedingungen Sie durchsetzen können:

Formulierung exportbezogener Zahlungsbedingungen	Notizen
Vorauszahlung mittels Überweisung Vorauszahlung durch Überweisung von _____ € (i. W.: _____) auf unser Konto Nr. _____ über unsere Bank _____ (SWIFT-Adresse: _____) bis spätestens zum _____.	
Anzahlung mittels Bankscheck Anzahlung von _____ € durch Übersendung eines Bankschecks. Der Bankscheck ist a) an unsere Order b) an die Order unserer Bank _____ auszustellen und an a) uns b) unsere Bank _____ zur Gutschrift auf unser Konto Nr. _____ zu versenden.	
Restzahlung durch Überweisung Der Restbetrag in Höhe von _____ € ist _____ Tage nach Ausstellung der Rechnung/des Verladedokumentes auf unser Konto Nr. _____ bei unserer Bank _____ (SWIFT-Adresse: _____) zu überweisen.	
Restzahlung durch Bankscheckzahlung Der Restbetrag in Höhe von _____ € ist bei Auslieferung der Ware durch unseren Spediteur/Lkw-Fahrer an diesen in Form eines Bankschecks, der an die Order von _____ ausgestellt sein muss, zu bezahlen.	
Restzahlung durch Barzahlung Der Restbetrag in Höhe von _____ € ist bei Auslieferung der Ware an unseren Lkw-Fahrer in bar zu entrichten.	
Restzahlung durch Solawechsel Der Restbetrag in Höhe von _____ € ist mittels Solawechsel ausgestellt an die Order von _____, gemäß den Bestimmungen Ihres Landes versteuert, zu bezahlen.	

Checklisten V: Einzelmaßnahmen der Exportabwicklung

Formulierung exportbezogener Zahlungsbedingungen	Notizen
Unwiderruflicher Zahlungsauftrag Vor Auslieferung der Ware durch unseren Spediteur/Lkw-Fahrer hat Ihre Bank die Vorlage eines unwiderruflichen Zahlungsauftrages an unsere Bank _____(Fax-Nr./SWIFT-Adresse: _____) mittels eines verschlüsselten Faxes/SWIFT über den (Rest-)Betrag in Höhe von _____€ zu bestätigen.	
Überweisung Der Rechnungsbetrag in Höhe von _____€ ist unmittelbar nach Erhalt der Rechnung auf unser Konto Nr. _____bei der Bank _____(SWIFT-Adresse: _____) zu überweisen.	
Bankscheckzahlung Der Rechnungsbetrag in Höhe von _____€ ist unmittelbar nach Erhalt der Rechnung in Form eines Bankschecks, der an die Order von _____ausgestellt sein muss und an _____zu versenden ist, zu bezahlen.	
Kundenscheckzahlung Der Rechnungsbetrag in Höhe von _____€ ist unmittelbar nach Erhalt der Rechnung von Ihnen mittels Scheckziehung auf Ihre Bank zu bezahlen. Der Scheck ist zu versenden an a) unsere Anschrift b) unsere Bank zur Gutschrift auf unser Konto Nr. _____.	
Überweisung zuzüglich der Bankspesen Der Rechnungsbetrag in Höhe von _____€ ist zuzüglich der in der Bundesrepublik Deutschland anfallenden Bankspesen von ca. _____€, das ergibt einen Gesamtbetrag von _____€, durch Überweisung auf unser Konto Nr. _____bei der Bank _____(SWIFT-Adresse: _____) _____Tage/Wochen/Monate nach Rechnungsdatum/Datum des Versanddokumentes/Wareneingang zu bezahlen.	
Überweisung „bankspesenfrei" Der Rechnungsbetrag in Höhe von _____€ ist durch Überweisung auf unser Konto Nr. _____bei unserer Bank _____(SWIFT-Adresse: _____) _____Tage/Wochen/Monate nach Rechnungsdatum/Datum des Versanddokumentes/Wareneingang bankspesenfrei für uns zu bezahlen.	

Formulierung exportbezogener Zahlungsbedingungen	Notizen
Einfache Wechselzahlung Der Rechnungsbetrag in Höhe von _____ € ist durch a) Akzeptierung und Rücksendung des beigefügten Wechsels b) Übersendung eines Solawechsels, ausgestellt an die Order von _____ und zahlbar am _____, zu bezahlen.	
Bankavalierter Wechsel Der Rechnungsbetrag in Höhe von _____ € ist durch a) Akzeptierung und Rücksendung des beigefügten Wechsels b) Übersendung eines Solawechsels, ausgestellt an die Order von _____ und zahlbar am _____, zu bezahlen, wobei sich Ihre Bank, die _____ Bank, mittels Aval auf dem Wechsel/Solawechsel gemäß Vereinbarung für die Bezahlung des effektiven Wechselbetrages am _____ verbürgt.	
Dokumente gegen Zahlung Der Rechnungsbetrag in Höhe von _____ € bzw. _____ % des Rechnungsbetrages/FOB-Wertes etc. sind gegen Aushändigung der folgenden Dokumente ▶ ▶ die Ihnen von unserer Bank _____ über Ihre Hausbank vorgelegt werden, zu bezahlen.	
Dokumente gegen Akzept Die nachfolgend aufgeführten Dokumente erhalten Sie gegen Akzeptierung des Wechsels über _____ €, der der an Ihre Hausbank versandten Dokumentensendung beigefügt ist: ▶ ▶	
Dokumente gegen bankavalierten Wechsel Vereinbarungsgemäß hat sich Ihre Bank, die _____ Bank, durch ihr Aval auf dem Wechsel für die Einlösung des effektiven Wechselbetrages am _____ zu verbürgen.	

Checklisten V: Einzelmaßnahmen der Exportabwicklung

Formulierung exportbezogener Zahlungsbedingungen	Notizen
Dokumentenakkreditiv Zahlung a) des Euro-Betrages b) von _____% des (z. B. FOB-Wertes) durch ein – unwiderrufliches, – übertragbares, – durch unsere Bank _____bestätigtes Dokumentenakkreditiv zahlbar a) bei Sicht b) _____ Tage/Monate nach Datum des Konnossementes/Rechnungsdatum gegen Einreichung der folgenden Dokumente: ▶ ▶ Die Eröffnung des Dokumentenakkreditivs ist uns bis zum _____durch unsere Hausbank, die _____, zu avisieren.	

Weitere Hilfen

Ihre Hausbank.

Checkliste 39: Vorauskasse – überzeugende Argumente

▶ Definition

Vorkasse (auch Vorauskasse oder Vorauszahlung) ist eine Zahlungsbedingung, die vom Käufer zunächst eine Bezahlung des Kaufpreises verlangt, bevor der Verkäufer mit der vertraglichen Warenlieferung beginnt. Die Vorauskasse kommt im Außenhandel häufig vor. Es handelt sich hierbei um die Verpflichtung des Käufers (Importeur), zu einem im Kaufvertrag vereinbarten Zeitpunkt vor der Lieferung der Ware den Kaufpreis ganz (Vorauszahlung) oder teilweise (Anzahlung) an den Verkäufer (Exporteur) zu zahlen.

❓ Problemstellung

Im Gegensatz zur Zahlungsbedingung „Lieferung auf offene Rechnung" oder „Zahlung nach Erhalt der Ware", bei denen das Risiko der Bezahlung beim Exporteur liegt, hat bei der Zahlungsbedingung Vorauskasse der Importeur das Risiko, ob er die Ware tatsächlich in der vereinbarten Qualität, Quantität und zum vereinbarten Termin erhält. Jede Art der Vorauszahlung macht den Käufer zum Kreditgeber mit den typischen Kreditrisiken.

Andererseits handelt es sich bei der Vorauskasse um die kostengünstigste Form der Zahlungsabwicklung. Diese Zahlungsbedingung lässt sich häufiger dann durchsetzen, wenn

1. der Verkäufer dem Käufer die Angst nimmt, dass er sich nach Zahlung des Kaufpreises nicht an die vertraglichen Verpflichtungen zur Warenlieferung hält.
2. er dem Käufer einen Vorteil anbietet, um ihm die Zahlung der Vorauskasse „zu erleichtern".

⚙ Beispiel

Ein deutscher Exporteur bietet einem osteuropäischen Kunden als Zahlungsbedingung „Dokumentenakkreditiv". Alternativ empfiehlt er ihm die Zahlung „per Vorauskasse" und bietet ihm für den Zeitraum von einem Monat (Zahlungseingang beim Exporteur bis Lieferung an den Kunden) ein Skonto in Höhe von 2 %.

Der Kunde meint, diese 2 % seien viel zu niedrig, da er für die Aufnahme eines Kredites bei seiner Bank einen Zinssatz von 10 % zahlen müsse.

Checklisten V: Einzelmaßnahmen der Exportabwicklung

☑ Checkliste

Vorauskasse – überzeugende Argumente	Notizen
1. Haben Sie dem Käufer dargestellt, dass es sich bei der Vorauskasse um die für ihn kostengünstigste Zahlungsbedingung handelt?	
2. Haben Sie geprüft, ob es Ihnen möglich ist, dem Käufer eine Garantie Ihrer Bank zu stellen?	
3. Haben Sie dem Käufer dargestellt, dass Sie alternativ zur Vorauskasse auf Bezahlung durch ein Dokumentenakkreditiv bestehen, bei dem für Käufer und Verkäufer wesentlich höhere Kosten anfallen?	
4. Haben Sie dem Käufer dargestellt, dass sich Ihre Bank im Rahmen der Anzahlungsgarantie verpflichtet, den gesamten Kaufpreis zurückzuzahlen, wenn Sie den Liefertermin überschreiten und der Käufer daher auf eine Lieferung verzichtet?	
5. Haben Sie dem Käufer einen „Preis-Vorteil" in Form eines Skontos angeboten?	
6. Haben Sie dem Käufer dargestellt, dass es sich bei einem Skontobetrag in Höhe von 2 % um einen wesentlich höheren Zinsvorteil für den Käufer handelt, als dies optisch zum Ausdruck kommt (bei 2 % Skonto für einen Monat macht der Zinsvorteil für den Käufer ca. 24 % p. a. aus)?	

Andere Sicherungsmöglichkeiten/Lösungsmöglichkeiten

Sollte eine Vorauskasse nicht durchsetzbar sein, empfiehlt es sich, auf Zahlung durch ein Dokumentenakkreditiv zu bestehen.

Checkliste 40: Das Dokumentenakkreditiv

▶ Definition

Das Akkreditiv („Letter of Credit", abgekürzt „L/C") ist eine im Außenhandel international sehr weit verbreitete und sehr sichere und bewährte Zahlungsform. Akkreditivgeschäfte werden weltweit auf Basis von einheitlichen Standards abgewickelt. Maßgebend hierfür sind die „ICC Uniform Customs and Practice for Documentary Credits – UCP" (deutsch: „ICC Einheitliche Richtlinien und Gebräuche für Dokumentenakkreditive – **ERA**") der International Chamber of Commerce ICC, Paris. Zurzeit gilt die Fassung UCP 600/ERA 600.

Ein Dokumentenakkreditiv wird von einer Bank im Auftrag des Auftraggebers (Importeur, Käufer) zugunsten eines Begünstigten (Verkäufer, Exporteur) herausgelegt. Es ist das Versprechen einer Bank, gegen Vorlage von genau definierten Dokumenten dem Exporteur (Begünstigten) den Warenwert sofort (bei Sicht) oder zu einem späteren Zeitpunkt auszuzahlen.

Praxistipp

Das Akkreditiv ist zunächst das Zahlungsversprechen der eröffnenden Bank. Sollte diese sich in einem riskanten, unsicheren Land befinden, können Sie ein bestätigtes Akkreditiv vereinbaren. Fragen Sie in solchen Fällen vorher bei Ihrer Hausbank nach einer Einschätzung und nach den Kosten für eine Bestätigung des Akkreditivs.

Bei einer Akkreditivbestätigung tritt eine Inlandsbank in das Zahlungsversprechen der Auslandsbank ein. Dadurch sind das Länderrisiko und das Bonitätsrisiko der Auslandsbank auch abgedeckt.

Das Zahlungsversprechen der Bank unter einem Akkreditiv ist bedingt und abstrakt:

- ▶ bedingt: weil die Auszahlung an die Einhaltung der Kriterien des Akkreditivs sowie der Regelungen der Einheitlichen Richtlinien für Akkreditive ERA gekoppelt ist;
- ▶ abstrakt: weil die Auszahlung seitens der Bank lediglich aufgrund der vorgelegten Dokumente erfolgt. Der zugrunde liegende Kaufvertrag zwischen Importeur und Exporteur spielt hier keine Rolle.

▶ Problemstellung

Das Zahlungsversprechen der akkreditiveröffnenden Bank ist an Bedingungen gekoppelt: Die Auslandsbank wird und muss nur dann zahlen, wenn die vorgelegten Dokumente den Akkreditivbedingungen entsprechen.

Häufige Gründe, die zu einer Ablehnung der Dokumente führen, können z. B. sein:

- ▶ verspätete Verladung
- ▶ fehlende Dokumente
- ▶ Widersprüche in den Dokumenten

Checklisten V: Einzelmaßnahmen der Exportabwicklung

 Beispiel

Ein Akkreditiv (eröffnet mit einer SWIFT-MT-700-Nachricht) sieht im Feld 44 C („latest date of shipment"/„spätestes Verladedatum") den 15.8.2016 vor. Aufgrund fehlender Zulieferteile wird die Ware verspätet fertiggestellt und erst am 29.8.2016 verladen.

In diesem Falle kann die Bank die Aufnahme und Bezahlung der Dokumente verweigern, da die Akkreditivbedingung „Lieferung nicht später als am 15.8.2016" nicht eingehalten wurde.

Die Bank würde die Dokumente ablehnen und den Käufer fragen, ob er die Dokumente trotz Unstimmigkeit akzeptieren würde. Das heißt, in diesem Falle wäre die Ware ausgeliefert, aber die Zahlung der Ware unsicher.

Lösungsempfehlung

Das skizzierte Beispiel kommt in der Praxis leider öfter vor. Sobald sich Verzögerungen bei der Auslieferung abzeichnen, bitten Sie daher den Käufer/Importeur, eine Akkreditivänderung bzw. Akkreditivverlängerung durchzuführen.

Je nach Ausgangslage stellt das Akkreditiv sowohl für Käufer als auch Verkäufer ein sinnvolles Absicherungsinstrument dar:

▶ Der **Begünstigte** (Exporteur, Verkäufer) hat durch ein Akkreditiv das Bonitätsrisiko seines Käufers abgesichert. Ihm hat jetzt eine Bank die Zahlung bei Vorlage der akkreditivkonformen Dokumente versprochen.

▶ Der **Auftraggeber** (Importeur Käufer) kann die dokumentären Bedingungen des Akkreditivs vorschreiben. Im Gegensatz zu einer riskanten Vorauszahlung hat er die Sicherheit, dass er nur bei Vorlage von Dokumenten, die seinen im Akkreditiv definierten Kriterien entsprechen, in Anspruch genommen wird.

Somit kann er z. B. eine Warenprüfung beauftragen und eine Sicherheit darüber erlangen, dass die in den Dokumenten genannte Ware vertragsgemäß ist. Das Akkreditiv ist daher ein ideales Instrument, um den Interessen von Käufer und Verkäufer gleichermaßen gerecht zu werden.

Praxistipp

*Akkreditive werden heute über das Nachrichtenübermittlungssystem SWIFT zwischen den Banken übermittelt. Im nachfolgenden Text wird daher auch auf das standardisierte Nachrichtenformat **MT 700** und dessen Felder eingegangen. In diesen Feldern sind entsprechende Inhalte vorgesehen.*

Wenn Sie ein Akkreditiv oder einen Entwurf zur Eröffnung eines Akkreditivs erhalten haben, sollten Sie dies genau prüfen. Die folgende Checkliste verweist auf die anzuwendenden Artikel der Einheitlichen Richtlinien für Akkreditive (ERA) und die relevanten Felder im Nachrichtenformat MT 700 von SWIFT.

☑ Checkliste

Checkliste bei Erhalt eines Akkreditivs	Artikel der ERA	Feld im SWIFT MT 700	Notizen
Sind Ihr Name und Ihre Adresse richtig angegeben?	Art. 14j	Feld 59	
Ist die Gültigkeitsdauer ausreichend?		Feld 31D	
Ist der Akkreditivbetrag ausreichend?		Feld 32 D	
Bei welcher Bank ist das Akkreditiv benutzbar? Das heißt, wo müssen die Dokumente eingereicht werden, um Feld 31 D zu erfüllen?	Art. 6, 7 und 8	Feld 41 D	
Welche Bank ist Zahlstelle? Ist die Zahlbarkeit des Akkreditivs vertragsgemäß? Hier geht es um sofortige oder spätere Zahlung. Ist das Akkreditiv zu bestätigen?	Art. 6, 7, 8 und 9	Feld 42 und 78 Feld 49	
Sind Teilverladungen und Umladungen erlaubt? Um hier größtmöglichen Freiraum zu haben, sollten diese beiden Kriterien immer erlaubt sein.		Feld 43 P und T	
Ist die Lieferfrist ausreichend? Je nach Transportart können unterschiedliche Daten für die Einhaltung des letzten Transportdatums ausschlaggebend sein.	Art. 19 bis 25	Feld 44 C und Feld 45 A	
Kann der Transportweg eingehalten werden?		Feld 44 A, B, D, E, F	
Sind die Warenbeschreibung, Lieferbedingung, evtl. der Einzelpreis vertragsgemäß?		Feld 45 A	

Checklisten V: Einzelmaßnahmen der Exportabwicklung

Checkliste bei Erhalt eines Akkreditivs	Artikel der ERA	Feld im SWIFT MT 700	Notizen
Können alle Dokumente erstellt werden? Sind Beglaubigungen/Legalisierungen einzuholen? Muss eine Warenprüfung beauftragt werden? **Hinweis:** Versorgen Sie alle Parteien, die Ihnen Dokumente erstellen (z. B. Spedition, Versicherung), mit dem Akkreditiv und bitten Sie diese, die Anforderungen auf Machbarkeit zu prüfen.	Art. 18 bis 28	Feld 46 A und 47 A	
Können alle Zusatzbedingungen erfüllt werden?		Feld 47 A	
Ist die Vorlagefrist für die Einreichung der Dokumente ausreichend?	Art. 14c	Feld 48	
Ist die Gebührenregelung vertragskonform?		Feld 71 B	

Besonderheiten

Aussteller der Dokumente

Grundsätzlich sollen alle Dokumente, die im Akkreditiv gefordert sind, vom Begünstigten oder dessen Auftragnehmer (Speditionen, Versicherer, Inspektionsgesellschaften) erstellt werden. Vor diesem Hintergrund ist davon abzuraten, wenn der Käufer/Importeur Dokumente verlangt hat, die von ihm erstellt oder unterschrieben werden sollen. Diese Anforderungen sollten unbedingt vermieden werden.

Übertragung des Akkreditivs

Sie beabsichtigen, das LC an einen Sublieferanten weiterzugeben? Wichtigste Voraussetzung vorab: Das LC muss ausdrücklich als „übertragbar" bezeichnet sein, außerdem muss klar sein, welche Bank unter welchen Kriterien zur Übertragung ermächtigt ist (Art. 39).

Praxistipp

Übertragungen von Akkreditiven zählen erfahrungsgemäß zu den etwas „heikleren" Geschäften. Ob Ihre konkrete Transaktion überhaupt geeignet ist, mittels einer Akkreditivübertragung (und das möglichst problemlos) abgewickelt zu werden, besprechen Sie bitte mit Ihrer Hausbank, die Ihnen ggf. auch andere Alternativen vorschlagen kann.

Akkreditiv als Finanzierungsinstrument

Akkreditive, die bestätigt sind und eine herausgeschobene Zahlung vorsehen, können von inländischen Banken bevorschusst werden. Man nennt dieses Instrument „Forfaitierung". Der Exporteur kann damit seinem Käufer ein Zahlungsziel gewähren, d. h., der Käufer wird erst später belastet. Über die Forfaitierung erhält der Exporteur aber trotzdem eine frühere Zahlung und somit Liquidität.

Praxistipp

Sprechen Sie hierzu frühzeitig, d. h. vor Vertragsabschluss des Kaufvertrages, Ihre Hausbank auf die anfallenden Kosten an, damit Sie diese in Ihre Preiskalkulation aufnehmen können.

Unsicherheit bei der Dokumentenerstellung

Sofern Sie unerfahren bei der Erstellung von Akkreditivdokumenten und bei der Abwicklung von Akkreditiven sein sollten, können Sie hierzu unabhängige Dienstleister beauftragen, z. B. die Firma ForTraC Foreign Trade Consulting GmbH (www.fortrac.de).

Praxistipp

Sollten Sie bei der Durchsicht Ihres Akkreditivs nun festgestellt haben, dass doch einige Punkte nicht Ihren Vereinbarungen, Vorstellungen und Möglichkeiten entsprechen, nehmen Sie bitte unverzüglich Kontakt mit Ihrem Kunden auf und ersuchen Sie ihn, bei der eröffnenden Bank die nötigen Abänderungen des Akkreditivs zu veranlassen.

Andere Sicherungsmöglichkeiten/Lösungsmöglichkeiten

Lässt sich das von Ihnen geforderte Dokumentenakkreditiv nicht in der von Ihnen als notwendig erachteten Form durchsetzen, sollten Sie als Instrumente der Zahlungssicherung folgende Möglichkeiten untersuchen:

- ▶ Vorauskasse
- ▶ Gestellung einer Bankgarantie durch eine erstklassige Bank des Importeurs
- ▶ Abschluss einer Exportkreditversicherung

Weitere Hilfen

- ▶ Hausbank
- ▶ unabhängige Dienstleister
- ▶ Käufer

Checkliste 41: Das Dokumenteninkasso

▶ Definition

Unter einem Dokumenteninkasso versteht man den Einzug von Exportdokumenten (z. B. Rechnung, Transportdokument, Versicherungsdokument, Packliste) durch die Hausbank des Exporteurs bei der Hausbank des Käufers.

Das Inkasso kennt drei Ausprägungen:

1. Vorlage der Dokumente gegen sofortige Zahlung („documents against payment" oder „cash against documents" – CAD): Der Käufer erhält die Dokumente nur gegen sofortige Zahlung.
2. Vorlage und Aushändigung der Dokumente gegen Akzeptierung eines Wechsels („documents against acceptance" – DAP), der später fällig wird.
3. Vorlage und Aushändigung der Dokumente gegen das Zahlungsversprechen des Käufers, zu einem späteren Zeitpunkt zu zahlen („documents against deferred payment undertaking")

Damit eine weltweit einheitliche Abwicklung von Dokumenteninkassi gewährleistet ist, hat die ICC die Einheitlichen Richtlinien für Inkassi (ICC-Publikation 522) herausgegeben.

❓ Problemstellung

Das Dokumenteninkasso ist eine der gebräuchlichen Zahlungsformen im Auslandsgeschäft. Es beinhaltet aber keine Sicherheit für den Exporteur, dass die Zahlung auch tatsächlich erfolgen wird. Daher geht ein Exporteur hier ein Risiko ein, indem er die Ware produziert und liefert, ohne zu wissen, ob die Forderung nachträglich auch bezahlt wird.

⚙ Beispiel

Lieferung aus Deutschland in die Vereinigten Arabischen Emirate. Verladen wird per Seefracht. Als Zahlungsmittel ist das Dokumenteninkasso mit Zahlungsziel „90 Tage nach Datum des Seefrachtbriefes" vereinbart.

Im Gegensatz zum Akkreditiv besteht hier keine Zahlungssicherung. Der Exporteur geht in Vorleistung, indem er die Ware produziert, liefert und bis zur Bezahlung der Dokumente am Fälligkeitstag auf den Geldeingang wartet.

✅ Checkliste

Das Dokumenteninkasso	Notizen
1. Ihr Käufer schlägt die Zahlung über ein Dokumenteninkasso vor. Sollte es sich hier um ein Erstgeschäft mit einem **Neukunden** handeln, ist die Zahlungsform Dokumenteninkasso nicht empfehlenswert. Bestehen Sie in diesem Fall auf einer sicheren Zahlungsart (Vorauszahlung, Akkreditiv) oder einer zusätzlichen Absicherung (Bankgarantie).	
2. Der Käufer fiel in der Vergangenheit bereits dadurch auf, dass er vereinbarte Zahlungsziele überschritten hat. Auch in diesem Fall ist vom Dokumenteninkasso abzusehen.	
3. Erfolgt die Lieferung in ein Land mit einer hohen politischen Risikolage? Dann besteht die Gefahr, dass die Zahlung aufgrund staatlicher Maßnahmen verhindert wird. Daher ist auch in diesem Fall eine sichere Zahlungsart oder eine zusätzliche Absicherung nötig.	
4. Benötigt der Käufer „Ihre" Dokumente für die Wareneinfuhr? Dies kann der Fall sein, wenn es sich hier entweder um Dokumente handelt, die der Käufer für die Zolleinfuhr benötigt, oder wenn es sich um warenauslösende Dokumente, wie z. B. Konnossemente, handelt. Bitte prüfen Sie, ob dies der Fall ist, da der Käufer dann auch ein Interesse daran hat, die Dokumente aufzunehmen und zu bezahlen.	
5. Sollte Ihr Käufer auch ohne diese Dokumente die Ware erhalten, wird er kein Interesse an den Dokumenten haben und diese dann auch nicht aufnehmen wollen. Bestehen Sie in diesem Fall auf einer sicheren Zahlungsart (Vorauszahlung, Akkreditiv) oder einer zusätzlichen Absicherung (Bankgarantie).	
6. Stellen Sie alle Dokumente, die der Käufer fordert, zusammen und reichen Sie diese über Ihre Hausbank zum Einzug ein.	

Checkliste 42: Der Wechsel – ein Instrument der Forderungsabsicherung

▶ Definition

Der Wechsel („bill of exchange", „draft") ist eine Zahlungsaufforderung an den Käufer einer Ware oder Dienstleistung. Diese Zahlungsaufforderung kann entweder sofort (bei Sicht) oder zu einem bestimmten Zeitpunkt in der Zukunft (z. B. 90 Tage nach einem Verladedatum) zur Zahlung fällig werden.

❓ Problemstellung

Der Wechsel ist als Zahlungsmittel in Deutschland nach Wegfall der Rediskontfähigkeit nicht mehr üblich. Im Ausland, speziell im angelsächsischen Raum, ist der Wechsel aber nach wie vor ein übliches und vor Jahrzehnten eingeführtes Zahlungsinstrument.

Wird der Wechsel vom Käufer am Fälligkeitstag nicht bezahlt, kann der Wechsel bei einem Notar protestiert werden. Der Verkäufer erhält hierüber eine Protesturkunde. Diese Urkunde lässt sich innerhalb der EU sofort gerichtlich einklagen. Das bedeutet, dass der Verkäufer sich nicht auf einen langen gerichtlichen Klageweg einlassen muss, wie z. B. bei der Durchsetzung eines verlängerten Eigentumsvorbehaltes. **Daher bietet sich der Wechsel als Instrument der Forderungsabsicherung besonders für Geschäfte im EU-Raum** an, da hier gesicherte Zahlungsinstrumente wie Akkreditive leider nur selten vereinbart werden. Insbesondere sollte der Wechsel dann genutzt werden, wenn der Exporteur für diesen Käufer keine Absicherung über Kreditversicherer oder Factoringunternehmen erhalten kann.

⚙ Beispiel

Ein deutscher Exporteur liefert Ware nach Großbritannien. Eine Kreditversicherung kann den britischen Käufer nicht abdecken. Zur Absicherung seiner Forderung und um sicherzustellen, dass pünktlich bezahlt wird, wird die Zahlung über einen Wechsel mit Zahlungsziel „90 Tage nach Lieferdatum" vereinbart.

Der englische Käufer akzeptiert diesen Wechsel und sendet ihn an den deutschen Exporteur zurück. Am Fälligkeitstag lässt der deutsche Verkäufer den Wechsel durch seine Hausbank in Großbritannien bei der dortigen Bank des Käufers zur Zahlung vorlegen. Wird dieser bezahlt, ist die Wechselurkunde erfüllt und erlischt.

Sollte der Wechsel nicht bezahlt werden, wird dieser durch die britische Bank bei einem Notar „protestiert". Diese Protesturkunde stellt einen Titel dar, der sofort gerichtlich geltend gemacht werden kann.

Hier liegen die Vorteile der Wechselurkunde, da dieser Eintreibungsweg sehr kurzfristig beschritten werden kann.

✓ Checkliste

Der Wechsel – ein Instrument der Forderungsabsicherung	Notizen
1. Ihr Käufer fordert von Ihnen ein Zahlungsziel. Möglichkeiten einer Kreditversicherung oder eines Factorings bestehen nicht.	
2. Der Käufer fiel in der Vergangenheit bereits dadurch auf, dass er vereinbarte Zahlungsziele überschritten hat.	
3. Vereinbaren Sie die Zahlung mittels Wechsel und lassen Sie diesen Wechsel über Ihre Hausbank einziehen.	
4. Ihre Hausbank stellt Ihnen gerne Wechselformulare zur Verfügung. Diese werden auch von Fachverlagen angeboten, unterliegen aber keinen Formvorschriften.	

Checkliste 43: Factoring

Definition

Verkauf von Kundenforderungen an ein Factoringunternehmen/eine Factoringbank mit dem Zweck schneller Liquiditätsbeschaffung.

Problemstellung

Einen Vermögenswert in der Bilanz von Unternehmen stellen die offenen Forderungen aus Lieferungen und Leistungen gegenüber den Käufern dar. Durch die Warenproduktion ist das produzierende Unternehmen, das die Forderungen hält, durch Wareneinkauf, Lohnkosten und Transportkosten in Vorleistung getreten. Die Liquidität ist dadurch beansprucht.

Eine Möglichkeit der Liquiditätsbeschaffung stellt der Verkauf der offenen Forderungen dar.

Beispiel

In der Bilanz eines Herstellers von Kinderspielplätzen betragen die offenen Forderungen 25 % der Bilanzsumme. Die Liquidität des Unternehmens ist durch Wareneinkauf und Produktionskosten stark beansprucht. Die Kontokorrentlinien bei der Bank sind ausgenutzt. Eine Kreditausweitung ist zurzeit nicht möglich.

Das Unternehmen nimmt Kontakt mit einem Factoringunternehmen auf, um die offenen Forderungen zu verkaufen und die angespannte Liquidität zu entlasten.

Checkliste

Factoring	Notizen
1. Das Factoringunternehmen wird zunächst einmal den Bestand der offenen Forderungen prüfen, d. h., die Käufer werden einer Bonitätsprüfung unterzogen. Prüfen Sie daher zunächst, welche Forderungen Sie zum Verkauf anbieten wollen.	
2. Das Factoringunternehmen hat den Forderungsbestand geprüft. Es sind Forderungen von Firmen „durchgefallen", d. h., diese werden durch das Factoringunternehmen nicht angekauft, da die Bonität dieser Firmen als schwach angesehen wird. Dies stellt für Sie eine aktuelle Bonitätsaussage dar. Vereinbaren Sie für zukünftige Lieferungen an diese Firmen nur noch Vorauszahlung.	

Factoring	Notizen
3. Das Factoringunternehmen möchte auch Forderungen an Käufer übernehmen, mit denen Sie in der Vergangenheit nie Probleme hatten und die pünktlich bezahlt haben. Bedenken Sie hier, dass ein Verkauf der Forderungen an diese Firmen angezeigt wird und evtl. dort negativ gesehen wird (Imageverlust).	
4. Im Exportgeschäft wird die Auswahl der Forderungen durch das Factoringunternehmen weiter eingegrenzt. Forderungen an Firmen aus bestimmten Staaten können generell nicht übernommen werden. Vereinbaren Sie hier daher die klassischen Absicherungsinstrumente wie Wechsel, Bankgarantie oder Akkreditiv.	
5. Das Factoringunternehmen erstattet Ihnen nie die volle Forderungshöhe. Meist werden nur 75 oder 80 % übernommen. Der Restbetrag verbleibt in Ihrem eigenen Risiko. Auch hier stellt das Akkreditiv eine Alternative dar, da dort 100 % des Warenwertes abgesichert sind.	
6. Die Kosten des Factorings liegen deutlich über den Kosten eines herkömmlichen Bankkredits. Wenn Sie Factoring durchführen, legen Sie bitte die höheren Finanzierungskosten auf Ihre Verkaufspreise um. Alternativ sprechen Sie mit Ihrer Hausbank über Finanzierungsalternativen oder eine Umfinanzierung.	

Andere Lösungsmöglichkeiten

Kreditgespräche mit den Hausbanken.

Weitere Hilfen

Beratung durch Förderbanken wie KfW und Beteiligungsgesellschaften.[25]

---

[25] Die Internetadressen finden Sie im Anhang.

Checkliste 44: Forfaitierung

▶ Definition

Unter einer Forfaitierung versteht man den Ankauf von Forderungen vor deren Fälligkeit. Dieser Ankauf erfolgt unter Abzug von Zinsen und ohne Regress, d. h. ohne die Möglichkeit der Einrede aus dem Grundgeschäft.

❓ Problemstellung

Eine klassische Problemstellung bei Kaufverträgen ist die unterschiedliche Zielsetzung von Käufer und Verkäufer hinsichtlich des Zeitpunkts der Zahlung aus einem Kaufvertrag.

Eine der üblichen Forderungen eines ausländischen Käufers ist die Frage nach der Einräumung eines Zahlungszieles. Zum Beispiel kann es lauten „120 Tage nach Lieferung", damit der Käufer die gelieferte Ware weiterverkaufen und aus diesem Erlös seinen Wareneinkauf an den deutschen Lieferanten bezahlen kann.

Dem gegenüber steht das vitale Interesse des Verkäufers, Zahlung aus dem Verkauf der Ware möglichst sofort bei Lieferung zu erhalten, da ansonsten die Vorfinanzierung der Ware noch weiter ausgedehnt wird.

⚙ Beispiel

Ein deutscher Exporteur liefert Ware nach Südkorea. Vereinbart wird ein Akkreditiv, das erst 180 Tage nach Lieferdatum ausbezahlt wird.

Geliefert wurde am 30.6.2015. Die Dokumente wurden am 20.7.2015 durch die Auslandsbank aufgenommen. Die Dokumente werden demnach am 30.12.2015 (= 180 Tage nach Lieferdatum) bezahlt. Der Verkäufer hat ab dem 20.7.2015 eine Forderung gegenüber der Auslandsbank mit einem festen Zahlungszeitpunkt.

Über eine Forfaitierung kann die deutsche Hausbank nach dem 20.7.2015 dem deutschen Exporteur die Forderung „abkaufen" und sofort auszahlen. Zinsen für den Zeitraum zwischen dem 20.7.2015 und dem Fälligkeitsdatum 30.12.2015 werden vom Auszahlungsbetrag abgezogen.

Somit erhält der deutsche Exporteur den Zahlungseingang knapp fünf Monate vor dem eigentlichen Fälligkeitsdatum der Forderung.

✓ Checkliste

Forfaitierung	Notizen
1. Ihr Käufer fordert von Ihnen ein Zahlungsziel unter einem Akkreditiv. Sie benötigen aber frühestmögliche Liquidität. Um beide Interessen zu vereinigen, können Sie eine Forfaitierung planen.	
2. Sprechen Sie Ihre Hausbank für eine Preisindikation einer Forfaitierung an. Die Mindestsumme sollte bei ca. 80.000 € liegen und der Zeitraum des Zahlungszieles bei mindestens 90 Tagen.	
3. Preisen Sie die Bankkosten in Ihr Angebot ein. Die Kosten einer Forfaitierung richten sich nach dem aktuellen Interbanken-Zinssatz und einem Aufschlag, der sich an der Bonität des Zahlungspflichtigen (Bank oder Käufer) sowie dem Länderrisiko orientiert.	
4. Die weitere Abwicklung übernimmt die Bank im Wege der Akkreditivabwicklung. Es wird ein separater Vertrag geschlossen nach Einreichung der Dokumente.	

Checkliste 45: Blockierte Avalkreditlinien? Avalgarantie!

▶ Definition

Die Avalgarantie ist ein Instrument des Bundes zur Unterstützung deutscher Exporteure. Verhindert werden soll, dass ein Exportgeschäft daran scheitert, dass Bankgarantien, die ein deutscher Exporteur beibringen soll, von dessen Hausbank wegen fehlender oder nicht ausreichender Kreditlinien nicht herausgelegt werden können.

❓ Problemstellung

Zur Abwicklung eines Exportgeschäftes müssen vom Exporteur Bankgarantien bereitgestellt werden. Hierzu reichen die vorhandenen Kreditlinien bei der Bank nicht aus oder müssen neu beantragt werden.

Beispiel

Ein deutscher Maschinenbauer fordert von seinem koreanischen Lieferanten eine Anzahlung in Höhe von 20 % des Vertragswertes. Diese Anzahlung will der koreanische Käufer im Gegenzug nur gegen eine gleichzeitige Anzahlungsgarantie der Hausbank des Exporteurs leisten.

Für diese Garantie ist hierzu momentan kein Spielraum in der Kreditlinie des Verkäufers bei seiner Bank vorhanden. Oder die Bank ist zur Herauslegung der Garantie nur gegen gleichzeitige Hinterlegung der Anzahlung bereit. Da dies zu einer Einschränkung seiner Liquidität führt, steht dem Exporteur die Anzahlung zur Bedienung des Grundgeschäftes nicht zur Verfügung.

Abhilfe schafft hier die Avalgarantie des Bundes über die Euler Hermes Deutschland.

✓ Checkliste

Blockierte Avalkreditlinien? Avalgarantie!	Notizen
1. Die Forderung nach Bankgarantien (z. B. für Anzahlung oder Gewährleistung) gehört im Exportgeschäft zum normalen Instrumentarium. Werden diese gefordert, prüfen Sie zunächst, ob Sie hierfür eine ausreichende Kreditlinie bei Ihrer Hausbank unterhalten.	
2. Reicht die Kreditlinie für die beantragte Bankgarantie nicht aus, können Sie zunächst bei der Hausbank eine Ausweitung dieser Linie beantragen. Dies kann Zeit beanspruchen.	

Blockierte Avalkreditlinien? Avalgarantie!	Notizen
3. Alternativ kann jeder deutsche Exporteur über Euler Hermes eine Avalgarantie beantragen. Begünstigter aus der Avalgarantie wird die Hausbank des Exporteurs. Diese wird in die Lage versetzt, den Kreditrahmen für Avale dieses Exporteurs zu erhöhen, da sie eine Rückhaftung des Bundes hierfür bekommt. Diese Rückhaftung umfasst 80 % der herausgelegten Garantien.	
4. Kosten entstehen für den Exporteur nur bei seiner Hausbank. Diese berechnet weiterhin die übliche Avalprovision und führt davon einen Teil an den Bund ab.	
5. Beantragen kann diese Avalgarantie jeder deutsche Exporteur. Es müssen die gleichen Grundvoraussetzungen wie bei einer Vertragsgarantiedeckung des Bundes erfüllt sein.	

Checkliste 46: Garantien im Auslandsgeschäft

▶ Definition

Garantien dienen im Allgemeinen dem Schutz bei Schäden, die aus einer nicht vertragsgerechten Erfüllung von Verpflichtungen eines Vertragspartners resultieren.

Wenn der Exporteur dem Wunsch des Importeurs nachkommt, eine Garantie zu stellen, hat er Folgendes zu berücksichtigen:

- ▶ Bei der Garantie handelt es sich um ein Instrument, das der Absicherung der aus einem irregulären Geschäftsverlauf resultierenden Risiken dient.

- ▶ Die Garantiebank verspricht im Auftrag und auf Rechnung des Auftraggebers, eine bestimmte Summe unwiderruflich auf erstes schriftliches Anfordern an den Begünstigten zu zahlen.

- ▶ Einreden sind nicht möglich, da die Garantie ein abstraktes, d. h. vom Grundgeschäft losgelöstes, selbstständiges Schuldversprechen einer Bank ist.

- ▶ Für den Eintritt des Garantiefalles ist es im Allgemeinen ausreichend, wenn der Begünstigte dies gegenüber der garantiestellenden Bank erklärt (ein Nachweis muss nicht geführt werden).

- ▶ In der Regel ist eine Garantie befristet. In einigen Ländern sind jedoch befristete Garantien unüblich oder nicht möglich, sodass teilweise auch unbefristete Garantien gestellt werden (für den Auftraggeber der Garantie jedoch ungünstiger, da dadurch die Kreditlinien unbefristet blockiert werden).

- ▶ Es dominieren Garantien, die von der Bank des Exporteurs zugunsten des ausländischen Importeurs (Garantiebegünstigter) für die ordnungsgemäße Erfüllung des Vertrages durch den Exporteur gestellt werden.

- ▶ Garantien sind häufig auch Voraussetzung für eine Kreditgewährung an den Importeur.

- ▶ Garantien zur Sicherstellung der Forderungen des Exporteurs gewinnen als sogenannte Zahlungsgarantien zunehmend an Bedeutung.

- ▶ Das „Hinauslegen" von Garantien durch Banken ist für den Exporteur mit Kosten verbunden, die bereits bei der Angebotspreisbildung bzw. der Kalkulation des Liefergeschäftes berücksichtigt werden sollten.

❓ Problemstellung

Die mit dem Außenhandelsgeschäft oftmals verbundenen spezifischen Risiken, die sich insbesondere durch die oft erforderlichen und langfristigen Finanzierungen ergeben, machen eine Absicherung notwendig. In Abhängigkeit von der Ausgestaltung der Zahlungsbedingungen und den vereinbarten Lieferbedingungen können diese Risiken sowohl beim Exporteur als auch beim Importeur entstehen. Als Garanten treten üblicherweise Banken im Auftrag des Exporteurs auf.

Darüber hinaus ist auch eine Absicherung nötig, wenn ein Partner Vorleistungen erbringen muss (z. B. Anzahlung), bevor er vom Geschäftspartner eine adäquate Gegenleistung erhalten hat.

Beispiel

Ein deutscher Exporteur vereinbarte mit dem Importeur in der Slowakei die Vorauszahlung des gesamten Rechnungsbetrages.

Der Importeur erklärte, dass er hiermit nur einverstanden sei, wenn der Exporteur

▶ einen Nachlass in Höhe von 2 % auf den vereinbarten Verkaufspreis gewähre und darüber hinaus

▶ eine Bankgarantie einer deutschen Bank beschaffe.

Checkliste

Prüfen Sie, welche Garantie für die Abwicklung Ihres Auslandsgeschäftes in Frage kommt:

Garantien im Auslandsgeschäft				Notizen
Warenverkehr	Zweck: Sicherung etwaiger Ansprüche ...	Höhe	Laufzeit	
Bietungsgarantie	... der ausschreibenden Stelle an den Anbieter wegen vorzeitiger Zurückziehung oder Änderung des Angebotes oder im Zuschlagsfalle wegen Weigerung, Vertrag zu unterzeichnen	in den Ausschreibungsbedingungen festgelegt i. d. R. 1 bis 5 % des Angebotswertes	individuell zu vereinbaren ca. drei Monate	
Liefer-/ Leistungsgarantie	... des Käufers an den Verkäufer wegen fristgemäßer Lieferung bzw. Leistung	im Vertrag festgelegt i. d. R. 10 bis 20 % des Liefer-/ Leistungswertes	bis zur Lieferung/ Leistung	
Gewährleistungsgarantie	... des Käufers an den Verkäufer wegen nach Lieferung evtl. auftretender Mängel	im Vertrag festgelegt i. d. R. 10 bis 20 % des Liefer-/ Leistungswertes	häufig ein Jahr nach Lieferung	

Checklisten V: Einzelmaßnahmen der Exportabwicklung

Garantien im Auslandsgeschäft				Notizen
Warenverkehr	Zweck: Sicherung etwaiger Ansprüche ...	Höhe	Laufzeit	
Zahlungsgarantie	... des Verkäufers an den Käufer wegen ordnungsgemäßer Zahlung des Kaufpreises	individuell vereinbar	bis zur Bezahlung	
Anzahlungsgarantie	... des Käufers an den Verkäufer auf Rückvergütung der geleisteten Anzahlung bei nicht erfolgter Lieferung (bzw. nur teilweiser Lieferung)	in Höhe der Anzahlung bzw. Vorauszahlung (evtl. zuzüglich Zinsen)	bis zur Lieferung	
Wechseleinlösungsgarantie	... des Wechselausstellers gegen den Bezogenen wegen Nichteinlösung bei Fälligkeit	in Höhe des Wechselbetrages	bis Wechselfälligkeit	
Konnossementsgarantie	... der Reederei an Importeur wegen Warenfreigabe ohne Vorlage des B/L ...der Reederei an Exporteur wegen Ausstellung von Ersatzdokumenten (z. B. bei Verlust)	Warenwert zuzüglich Kostenmarge im Ermessen der Reederei (i. d. R. bis zu 50 %)	unbefristet	

Weitere Hilfen

Ihre Hausbank.

Checkliste 47: Einzug von überfälligen Kundenforderungen

▶ Definition
Möglichkeiten, Kundenforderungen einzutreiben.

❓ Problemstellung
Überfällige Forderungen beeinflussen in jedem Fall die Liquidität und den Cashflow eines Unternehmens. Sie binden Kapital und verursachen Zinskosten. Auf der anderen Seite wird auch immer die Kundenbeziehung tangiert. Daher empfiehlt sich innerhalb des Inkassoprozesses eine flexible Handhabung zwischen harten Eintreibungsmaßnahmen und dem Erhalt der Kundenbeziehung.

⚙ Beispiel
Ein langjähriger Kunde auf dem Automobilsektor (Zulieferindustrie) wird gemahnt. Da er nach der dritten Mahnung immer noch nicht reagiert, wird der zuständige Vertreter eingeschaltet. Diesem wird vom Kunden mitgeteilt, die Rechnung werde in Kürze beglichen. Als Begründung für die verspätete Zahlung wird wegen eines Konjunktureinbruchs beim Automobilhersteller ein finanzieller Engpass genannt. Nachdem wiederum einige Wochen ohne Zahlung vergangen sind, schaltet sich der Exportleiter der Lieferfirma persönlich ein, da es sich um einen treuen Kunden handelt. Die Finanzkrise ist ernster als bisher angenommen. Allerdings schließt die Firma eine Insolvenz aus und bittet um nochmaligen Zahlungsaufschub.

Nach Abwägung vieler Kriterien wie Umsatz, Dauer der Geschäftsverbindung etc. entschließt sich die Geschäftsführung, mit der Eintreibung der Forderung ein Inkassobüro zu beauftragen. Die Rechnung wird schließlich reguliert, aber gleichzeitig wird dem Lieferanten mitgeteilt, dass die Geschäftsverbindung zu Ende sei.

Fazit

Bevor man eine langjährige Partnerschaft letzten Endes in Frage stellt und den Abbruch riskiert, sollte man alle Möglichkeiten ausschöpfen, zu einer vernünftigen Lösung im beiderseitigen Interesse zu kommen. Die Erfahrung lehrt, dass ein verlorener Kunde i. d. R. nicht wiedergewonnen werden kann, es sei denn, man ist bereit, bei einem eventuellen Neuanfang einen sehr hohen Einstiegspreis zu zahlen.

Checklisten V: Einzelmaßnahmen der Exportabwicklung

☑ Checkliste

Einzug von überfälligen Kundenforderungen	Notizen
Wurden die Gründe für die Zahlungsverzögerung festgestellt?	
Falls gerechtfertigt, werden Sie ein verlängertes Zahlungsziel oder Teilzahlungen anbieten?	
Schalten Sie einen Vertreter ein?	
Werden Sie den Besuch des Exportleiters avisieren? Das ist von der Bedeutung des Kunden abhängig.	
Werden Sie ein Inkassobüro bzw. einen Rechtsanwalt mit der Eintreibung beauftragen?	

Andere Lösungsmöglichkeiten

Ware zurückholen.

Weitere Hilfen

Zur Vermeidung von Rücktransportkosten etc. Ware gutschreiben und versuchen, im Markt anderweitig zu verkaufen.

Checkliste 48: Reklamationsbearbeitung

▶ Definition

Bearbeitung eines Schadensfalls und umgehende Wiederherstellung normaler Kundenbeziehungen.

❓ Problemstellung

Eine Kundenreklamation ist am Anfang schwierig zu bewerten, da sie sich je nach Branche in Art und Umfang unterschiedlich darstellt. Eine Maschine, deren Funktionen gestört sind, kann nur vor Ort überprüft werden, um festzustellen, ob die Reklamation berechtigt ist. Bei Konsumartikeln ist die Bearbeitung bzw. Anerkennung der Forderung des Kunden wesentlich einfacher, wenn es sich z. B. um Farbunterschiede bei Textilien handelt.

Praxistipp

Als oberstes Gebot bei allen Reklamationsbearbeitungen gilt: Der Kunde muss – berechtigt oder nicht – so schnell wie möglich zufriedengestellt werden.

Es ist dabei aus psychologischen Gründen sehr wichtig, das jahrelang aufgebaute Vertrauen zwischen Hersteller und Abnehmer nicht zu beschädigen. Besonders bei Auslandsbeziehungen spielt diese Tatsache eine große Rolle, da hier auch unterschiedliche Mentalitäten berücksichtigt werden müssen.

⚙ Beispiel

Nach jahrelangen Bemühungen gelingt es einem Stoffhersteller, einen führenden türkischen Produzenten von Herrenbekleidung durch eine Neuentwicklung zu gewinnen und der Konkurrenz wegzunehmen. Die ersten Aufträge werden zur vollsten Zufriedenheit des neuen Kunden abgewickelt. Qualität und Preis stimmen, alles scheint in Ordnung.

Umso erstaunter ist man eines Tages, als der türkische Vertreter dem Lieferanten mitteilt, dass die zuletzt gelieferte Ware Anlass zu einer ernsten Reklamation bietet. Man verlangt den sofortigen Besuch eines Anwendungstechnikers zwecks Überprüfung dieser Beanstandung und eine umgehende Ersatzlieferung, da die Saisonaufträge für bedeutende Auftraggeber in Deutschland und den USA pünktlich ausgeliefert werden müssen, um rechtzeitig in den Warenhäusern und Fachgeschäften zu sein. Der Wert der zuletzt gelieferten Ware beträgt 70.000 €, eine Größenordnung, die bei der Bedeutung dieses neuen Kunden zum sofortigen Handeln zwingt.

Ein Techniker fliegt in die Türkei und berichtet nach Überprüfung vor Ort, dass die Reklamation berechtigt ist. Beim Hersteller wurden inzwischen Maßnahmen für eine umgehende Ersatzlieferung ergriffen. Aufgrund der Dringlichkeit wird die Ware per Luftfracht auf den Weg gebracht. Der Lieferant scheut keine Kosten, um diesen wich-

Checklisten V: Einzelmaßnahmen der Exportabwicklung

tigen Kunden zufriedenzustellen, da die Konkurrenz natürlich ebenfalls auf die Chance wartet, einzuspringen.

Der hohe Aufwand hat sich für den Hersteller gelohnt, da der Kunde von der Art und Weise, wie diese Reklamation bearbeitet wurde, sehr beeindruckt ist. Das Zusammenspiel zwischen Exportabteilung, Vertreter und Kunden hat sehr gut funktioniert und der türkische Konfektionär konnte sich von der Professionalität und der Leistungsfähigkeit seines neuen Lieferanten noch während der Anfangsphase der Zusammenarbeit überzeugen. Ein durchaus möglicher Abbruch der Geschäftsbeziehungen konnte vermieden werden.

✓ Checkliste

Prüfen Sie bei Kundenreklamationen folgende Handlungsalternativen:

Reklamationsbearbeitung	Notizen
Vertreter mit der ersten Überprüfung einer Reklamation beauftragen?	
Über einen eventuellen Nachlass verhandeln?	
Verlängertes Zahlungsziel anbieten?	
Bei umfangreicher Beanstandung Besuch und Unterstützung im Haus anbieten?	
Rücknahme bzw. Ersatzlieferung vereinbaren?	
Zur Vermeidung von Rücktransportkosten auf Neulieferung Rabatt anbieten?	

Andere Lösungsmöglichkeiten

Bei Reklamation größeren Ausmaßes (z. B. Investitionsgüterindustrie) Prüfungsinstitut einschalten.

Weitere Hilfen

Schiedsgerichtsverfahren (Arbitrageverfahren).

Checkliste 49: Die richtige Anwendung der INCOTERMS

Definition

Die vertragliche Vereinbarung der INCOTERMS – von der Internationalen Handelskammer Paris 1936 verfasst und mittlerweile in der Fassung von 2010 gültig – erspart es den Vertragspartnern, aufwendige Absprachen über die u. g. Verantwortlichkeiten detailliert im Vertrag festzuschreiben. Mit der Anwendung der INCOTERMS im Vertrag bietet sich für die Vertragsparteien die Möglichkeit, eine einheitliche Auslegung bestimmter Pflichten unabhängig von nationalen oder branchenbezogenen Regelungen zu verabreden.

Die Lieferbedingungen in Form der INCOTERMS stellen ein wichtiges, den Exportpreis entscheidendes Element des Angebotes/Vertrages dar. Sie sollen helfen, im Vertrag die Verantwortlichkeiten für

- die Ausfuhr-Zollabfertigung
- die Einfuhr-Zollabfertigung
- die Frachtkosten
- das Transportrisiko
- den Transportauftrag
- die Beschaffung der Export-/Import-Dokumente
- die Versandanzeige

zwischen Exporteur und Importeur eindeutig zu regeln.

Problemstellung

Aufgabe der INCOTERMS ist es, eine verbindliche und klare Aufteilung von

- Transportkosten (Kostenübergang)
- Transportrisiko (Risikoübergang)
- Sorgfaltspflichten (z. B. Dokumentenbeschaffung usw.)

zwischen Exporteur und Importeur zu erreichen.

Die INCOTERMS regeln daher grundsätzlich nicht Fragen des Eigentumsübergangs, der Mängelrüge, der Zahlungsbedingungen oder das auf den Vertrag anzuwendende Recht bzw. den Gerichtsstand.

Bei der Vereinbarung von Lieferbedingungen mit einem internationalen Partner sollten daher die im folgenden Tipp dargestellten Rahmenbedingungen berücksichtigt werden.

Checklisten V: Einzelmaßnahmen der Exportabwicklung

Praxistipp

Die INCOTERMS sollten angewandt werden:

- *immer/nur*
- *ohne Wenn und Aber*
- *richtig (CIF Teheran ist nicht richtig)*
- *immer mit einer „Ort-Angabe"*
- *immer mit dem Exkurs auf die neueste Fassung der INCOTERMS (INCOTERMS 2010)*

Beispiel

In den 1990er-Jahren verkauft ein deutscher Zementhersteller eine komplette Schiffsladung Zement nach Nigeria. Die Lieferkondition lautete: „Lieferung frei Hafen Lagos" ohne Hinweis auf eine INCOTERMS-Regel. Das Schiff wurde in Hamburg beladen und legte Richtung Lagos ab. In Lagos im Hafen angekommen, wurde der Schiffsführer darauf aufmerksam gemacht, dass alle Anlegekais von anderen Schiffen belegt seien und der Kapitän doch bitte draußen auf der Reede (offenes Meer vor dem Hafen) warten und ankern solle. Dies tat er auch. Durch einen Unglücksfall ging das Schiff unter.

Die deutsche Versicherung des Lieferanten verweigerte eine Zahlung der Schiffsladung mit dem Hinweis, dass das Schiff im Hafen von Lagos gewesen war und damit aus ihrer Sicht die Lieferung „Lieferung frei Hafen Lagos" erfüllt wurde. Ein nochmaliges Hinausfahren aus dem Hafen durch den Kapitän wäre durch den Käufer veranlasst worden.

Die nigerianische Versicherung des Käufers lehnt auch eine Zahlung des Kaufpreises ab. Sie argumentiert ihre Entscheidung mit dem Hinweis, dass das Schiff ja nicht im Hafen untergegangen sei, somit Lieferung frei Hafen nicht erfolgt sei und niemand über die Ware in Lagos verfügen konnte.

Hätte der deutsche Lieferant die Klausel „CFR Lagos" verwendet, wäre der entstandene Versicherungsstreit nicht möglich gewesen, denn das Risiko wäre bereits beim Beladen in Hamburg auf den nigerianischen Käufer übergegangen, egal ob das Schiff später auf der Reede oder im Hafen gesunken wäre.

☑ Checkliste

Bei den einzelnen INCOTERMS-Klauseln hat der Exporteur zu prüfen, ob er die mit dieser Klausel verbundenen Verpflichtungen übernehmen kann bzw. möchte.

Der Exporteur hat folgende charakteristische Verpflichtungen zu erfüllen:

Die richtige Anwendung der INCOTERMS		Notizen
EXW, ab Werk (… benannter Lieferort)	▶ die Ware zum vertraglich vereinbarten Zeitpunkt am benannten Lieferort (z. B. Laderampe) bereitzuhalten ▶ eine transportgerechte Verpackung zu verwenden und zu markieren ▶ in angemessener Frist die Bereitstellung der Ware anzuzeigen ▶ die Kosten und Risiken bis zur Bereitstellung zu tragen	
FCA, frei Frachtführer (… benannter Lieferort)	▶ die Ware zum vertraglich vereinbarten Zeitpunkt in transportgerechter Verpackung dem Frachtführer zu übergeben ▶ alle Kosten und Risiken bis zur Übergabe der Ware an den Frachtführer zu tragen ▶ dem Importeur auf dessen Kosten und Verlangen das Transportdokument und alle anderen benötigten Urkunden aus dem Versandland zu beschaffen	
FAS, frei Längsseite Schiff (… benannter Verschiffungshafen)	▶ innerhalb der vereinbarten Frist die Ware auf dem Ladeplatz Längsseite Schiff in seefester Verpackung anzuliefern ▶ die Anlieferung dem Importeur mitzuteilen ▶ alle Kosten, Risiken und Formalitäten bis zur Abladung auf dem Ladeplatz Längsseite Schiff zu tragen ▶ auf eigene Kosten ein reines Konnossement über die Anlieferung am Schiff zu beschaffen	

Checklisten V: Einzelmaßnahmen der Exportabwicklung

Die richtige Anwendung der INCOTERMS		Notizen
FOB, frei an Bord (… benannter Verschiffungshafen)	▶ die Ware ordnungsgemäß und seefest verpackt fristgerecht auf das Seeschiff im Verschiffungshafen zu verladen und alle Kosten und Risiken zu tragen, bis die Ware auf Deck abgestellt ist ▶ ein reines Versanddokument über den Nachweis der Anbordnahme und die erforderlichen Ausfuhrdokumente zu beschaffen ▶ alle Kosten und Risiken der Ausfuhrabfertigung zu tragen	
CIF, Kosten, Versicherung und Fracht (… benannter Bestimmungshafen)	▶ die Ware ordnungsgemäß und seefest verpackt fristgerecht auf das Seeschiff oder Binnenschiff im Verschiffungshafen zu verladen und alle Kosten und Risiken zu tragen, bis die Ware auf Deck abgestellt ist ▶ den Frachtvertrag abzuschließen und ein reines begehbares Bordkonnossement mit dem Frachtvermerk „bezahlt" zu beschaffen ▶ eine Transportversicherungspolice mit dem Mindestversicherungsschutz der „Deckung C" über eine Versicherungssumme, die den CIF-Wert zzgl. 10 % deckt, zu besorgen	
CFR, Kosten und Fracht (… benannter Bestimmungshafen)	▶ wie CIF, jedoch ohne die Verpflichtung des Exporteurs zum Abschluss einer Transportversicherung	
CIP, frachtfrei versichert (… benannter Bestimmungsort)	▶ Während CIF nur für die See- und Binnenverschiffung verwendet werden kann, gilt CIP für alle Transportarten, sodass hier die Lieferung durch den Exporteur ordnungsgemäß erfolgt ist bei Übergabe in transportgerechter Verpackung an den ersten Frachtführer.	

Die richtige Anwendung der INCOTERMS		Notizen
CPT, frachtfrei (… benannter Bestimmungsort)	▶ Diese Klausel entspricht der CIP-Klausel, jedoch ohne die Verpflichtung des Exporteurs zum Abschluss einer Transportversicherung.	
DAP, geliefert benannter Ort (… benannter Bestimmungsort)	▶ die Ware auf dem ankommenden Beförderungsmittel entladebereit am benannten Bestimmungsort zum vereinbarten Zeitpunkt zur Verfügung zu stellen ▶ dem Käufer ein Dokument zur Verfügung zu stellen, das diesem die Übernahme der Ware ermöglicht	
DAT, geliefert Terminal (… benannter Terminal im Bestimmungshafen/ -ort)	▶ die Ware von dem ankommenden Beförderungsmittel zu entladen und sie dann dem Käufer zu liefern und ihm am benannten Terminal im Bestimmungshafen oder -ort zum vereinbarten Zeitpunkt zur Verfügung zu stellen ▶ dem Käufer ein Dokument zur Verfügung zu stellen, das diesem die Übernahme der Ware ermöglicht	
DDP, geliefert verzollt (… benannter Bestimmungsort)	▶ entsprechend DAP zzgl. der Übernahme der Einfuhrabfertigung durch den Exporteur	

Andere Lösungsmöglichkeiten

Anstelle der weltweit verwendeten INCOTERMS-Klauseln ist es grundsätzlich auch möglich, dass der Exporteur „Trade Terms", d. h. nationale Handelsbräuche, verwenden kann. Sie werden insbesondere von amerikanischen Exporteuren heute immer noch gerne verwendet, z. B. die „US-Lieferklauseln von 1941".

Es ist jedoch zu empfehlen, aufgrund der weltweit einheitlichen Definition der INCOTERMS diesen bei allen Liefergeschäften den Vorzug zu geben.

Weitere Hilfen

▶ Informationen über ICC – Internationale Handelskammer.[26]

---

26 Die Internetadresse finden Sie im Anhang.

Checkliste 50: Vorsicht bei der Kombination von Dokumentenakkreditiv und INCOTERMS

Definition

Beim Dokumentenakkreditiv handelt es sich um eine speziell für den grenzüberschreitenden Geschäftsverkehr geschaffene Zahlungsbedingung. Nach der Vorauskasse handelt es sich um eine sehr sichere Zahlungsbedingung, die bei richtiger Anwendung sowohl für den Exporteur als auch für den Importeur die vereinbarte Abwicklung des Geschäftes sicherstellt, und zwar in der Weise, dass der Exporteur, sobald er die Lieferung einer vertragsgerechten Ware nachweist, den Rechnungsbetrag erhält, und dass der Importeur, sobald er nachweist, dass er vertragsgemäß gezahlt hat, in den Genuss der Ware kommt.

Die Abwicklung einer Akkreditivzahlung ist weltweit nach einheitlichen Standards (ERA 600) geregelt.

Ebenfalls ist international einheitlich geregelt, welche mit der Lieferung verbundenen Kosten und Risiken Exporteur und Importeur zu tragen haben – durch die INCOTERMS 2010.

Problemstellung

Die Abwicklung der Zahlung aus einem Dokumentenakkreditiv erfolgt durch eingeschaltete Banken. Üblicherweise gibt die Bank des Importeurs im Rahmen einer Akkreditiveröffnung ein abstraktes Zahlungsversprechen, dass sie die Zahlung durchführt, sobald sie in den Besitz der vereinbarten Dokumente gelangt ist.

Zu diesen Dokumenten zählen in aller Regel u. a. eine Handelsrechnung, das Ursprungszeugnis, ein Versanddokument usw.

Bei bestimmten INCOTERMS-Klauseln, und zwar bei den Klauseln EXW, FCA und FOB, ist der Käufer verantwortlich für den Transport der Ware, d. h.,

- ▶ bei EXW muss der Käufer (!) auf das von ihm zur Verfügung gestellte Transportmittel verladen und den weiteren Transport organisieren,

- ▶ bei FCA hat der Verkäufer die Ware dem Frachtführer oder einer anderen vom Käufer benannten Person zur Verfügung zu stellen und der Käufer hat ab diesem Zeitpunkt die Beförderung der Ware zu organisieren,

- ▶ bei FOB hat der Verkäufer die Ware an Bord des vom Käufer benannten Schiffes zu verladen. Der Käufer hat die weitere Beförderung der Ware zu organisieren.

In den genannten Fällen erhält der Verkäufer, sobald die Ware dem benannten Frachtführer übergeben wurde, eine Übernahmebescheinigung – diese Übernahmebescheinigung ist für die dokumentäre Erfüllung eines Akkreditivs notwendig. Liegt diese Übernahmebescheinigung nicht vor, ist die Bank nicht berechtigt, den vereinbarten Rechnungsbetrag auszuzahlen.

Kombination von Dokumentenakkreditiv und INCOTERMS

 Beispiel

Ein deutsches Maschinenbauunternehmen hatte mit einem Importeur in einem lateinamerikanischen Land die Lieferung einer speziell angefertigten Maschine im Werte von 1 Mio. € vereinbart – 100 % zahlbar durch ein unwiderrufliches bestätigtes Akkreditiv. Eine Bank in Deutschland bestätigte das Zahlungsversprechen der lateinamerikanischen Bank.

Als Lieferbedingung war FOB Hamburg am 15.8.2016 vereinbart. Wegen eines angeblichen Maschinenschadens traf das Schiff nicht zum vereinbarten Termin in Hamburg ein. Der Kunde ließ keine Ausweichmöglichkeit durch ein anderes Schiff zu und war auch nicht bereit, das Akkreditiv zu verlängern.

Da nicht auf das vereinbarte Schiff verladen werden konnte, war auch die Ausstellung eines Bill of Lading nicht möglich, welches als akkreditivauslösendes Dokument vereinbart worden war. Das Akkreditiv verfiel. Der Exporteur hatte versäumt, im Akkreditiv eine Ausweichklausel aufzunehmen.

Checkliste

Vorsicht bei der Kombination von Dokumentenakkreditiv und INCOTERMS	Notizen
Bei der Kombination der Zahlungsbedingung „Dokumentenakkreditiv" mit den Lieferbedingungen EXW, FCA oder FOB ist die Erfüllung des Akkreditivs davon abhängig, ob der Käufer die Ware vereinbarungsgemäß abholt oder entgegennimmt. Zu prüfen ist seitens des Verkäufers:	
1. Ist es bei der angegebenen Kombination (Akkreditivzahlungsbedingung + jeweilige Lieferbedingung) möglich, EXW durch CPT zu ersetzen bzw. FCA durch CPT/CFR zu ersetzen bzw. FOB durch FAS zu ersetzen?	
2. Ist es möglich, nicht den gesamten Rechnungsbetrag durch ein Akkreditiv zu bezahlen, sondern vom Käufer eine Anzahlung in Höhe von mindestens 30 % zu verlangen?	
3. Ist es möglich, in der Akkreditiv-Zahlungsbedingung eine „Ausweichklausel" aufzunehmen (wie z. B.: „Sollte kein Bill of Lading darstellbar sein, gilt als L/C-auslösendes Dokument ein Lagerschein der XY Hafenbehörde")?	

Checklisten V: Einzelmaßnahmen der Exportabwicklung

Andere Sicherungsmöglichkeiten/Lösungsmöglichkeiten

Lässt sich das von Ihnen geforderte Dokumentenakkreditiv in Kombination mit EXW, FCA oder FOB in der von Ihnen als notwendig erachteten Form nicht durchsetzen (Ausweichklausel), sollten Sie als Instrument der Zahlungssicherung folgende Möglichkeiten untersuchen:

- ▶ Vorauskasse
- ▶ evtl. weitere Hilfen Ihrer Bank in Anspruch nehmen

Checkliste 51: Preisverhandlungen unter Berücksichtigung von INCOTERMS

▶ Definition

INCOTERMS stellen sowohl bei Inlandsgeschäften, insbesondere aber bei Auslandsgeschäften eine wichtige kostenbeeinflussende Größe dar. Insofern beeinflussen die INCOTERMS auch den Angebotspreis meist in erheblichem Umfang, beispielsweise wenn der Kunde ein Angebot auf der Basis DAT oder DAP, insbesondere aber von DDP vom Lieferanten verlangt.

Ein Preisnachlass wird meist vom gesamten Angebotspreis erwünscht.

❓ Problemstellung

Ein Preisnachlass von z. B. 5 % auf den angebotenen DDP-Preis kann dazu führen, dass der in den Verkaufspreis einkalkulierte Gewinn mehr als verloren gehen kann.

⚙ Beispiel

Ein mittelständischer Medizintechnikproduzent lernte auf einer Fachmesse in Moskau den Verwaltungsleiter eines großen russischen Krankenhauses kennen. Der Verwaltungsleiter bat um ein Angebot DDP Moskau (geliefert, verzollt Moskau), was seitens des deutschen Geschäftspartners auch erfolgte. Nachdem man sich bezüglich aller vertraglichen Details geeinigt hatte, verlangte der russische Geschäftspartner einen deutlichen Preisnachlass.

✓ Checkliste

Preisverhandlungen unter Berücksichtigung von INCOTERMS	Notizen
1. Vorsicht bei einem Preisangebot DDP! Ihre Kalkulation könnte wie folgt aussehen:	
Kalkulatorische Selbstkosten	50
+ Gewinn (10 %)	5
= Barverkaufspreis (EXW)	55
+ Kosten für Transport, Versicherung, Handling bis Bestimmungsort	20
= Preis DAP Bestimmungsort	75
+ Kosten Zoll/Verzollung	25
= Preis DDP Bestimmungsort	100
./. Preisnachlass von 5 % auf DDP-Preis	5
alternativ ./. Preisnachlass von 5 % auf EXW-Preis	2,5

Checklisten V: Einzelmaßnahmen der Exportabwicklung

Preisverhandlungen unter Berücksichtigung von INCOTERMS	Notizen
2. Ist Ihnen der kalkulatorische Gewinnaufschlag bekannt (im Beispiel 5)?	
3. Sind Ihnen die durch Lieferung verbundenen Kosten bekannt (im Beispiel 20)?	
4. Sind Ihnen die mit der Verzollung verbundenen Kosten bekannt (im Beispiel 25)?	
5. Ist Ihnen die verbleibende Gewinnmarge bekannt, wenn a) Sie auf Preisbasis DDP einen Nachlass von 5 % geben (im Beispiel 5)? b) Sie auf der Preisbasis EXW einen Preisnachlass von 5 % geben (im Beispiel 2,5)?	
6. Ist Ihnen bewusst, dass Sie bei der Klausel DDP oder bei anderen Klauseln, die einen hohen Fremdkostenanteil aufweisen (z. B. DAT und DAP), auf der Basis des angebotenen Verkaufspreises keinen Nachlass geben sollten?	
7. Ist Ihnen bewusst, dass Sie bei diesen INCOTERMS-Klauseln, die einen hohen Fremdkostenanteil aufweisen, immer den Preis „EXW" als Verhandlungsbasis benennen sollten?	

Checkliste 52: Die Importbestimmungen anderer Staaten – Vorsicht vor versteckten Zusatzkosten!

▶ Definition

Viele Länder fordern bei der Wareneinfuhr die Einhaltung bestimmter Formalien. Dies können entweder bestimmte Formulierungen in den Handelspapieren, zusätzliche Beglaubigungen oder Warenprüfungen und die damit verbundenen Zertifizierungen sein.

❓ Problemstellung

Ein Exportgeschäft ist dann vollständig abgewickelt, wenn die Warenlieferung beim Käufer eingetroffen ist. Die Nichteinhaltung der Einfuhrbestimmungen kann dazu führen, dass Ihr Käufer die Ware nicht durch den Importzoll durchführen kann. Dies kann zu Zeitverzug und Zusatzkosten führen, auf alle Fälle aber zu Unzufriedenheit bei Ihrem Kunden.

⚙ Beispiel

Sie liefern Ware nach Katar und fügen den Exportdokumenten nur ein Ursprungszeugnis bei, das durch Ihre Handelskammer beglaubigt wurde.

Die Einfuhrbestimmungen von Katar sehen aber vor, dass Ursprungszeugnisse neben der Ausstellung durch die örtliche IHK noch durch das Konsulat von Katar legalisiert werden müssen. Die Ware wird in Katar erst nach einer nachträglichen Beglaubigung des Dokumentes freigegeben. Für diesen Zeitraum fällt Standgeld für die Containerlagerung an.

✓ Checkliste

Die Importbestimmungen anderer Staaten – Vorsicht vor versteckten Zusatzkosten!	Notizen
1. Sind Ihnen die Formulierungen, die die Einfuhrbestimmungen des Ziellandes für Handelsrechnung und Ursprungszeugnis fordern, vertraut? Hier helfen die KuM (Konsulats- und Mustervorschriften) oder Ihre IHK.	
2. Gerade für Exporte in den arabischen Raum sind mitunter noch zusätzliche Beglaubigungen/Legalisierungen durch die Konsulate/Botschaften dieser Staaten in Deutschland erforderlich. Dies verursacht Kosten, die je nach Land unterschiedlich hoch sein können. Klären Sie vorab mit dem Käufer, ob er diese Legalisierungen zwingend benötigt. Informieren Sie sich schon in der Angebotsphase über die Kosten und preisen Sie diese in Ihr Angebot mit ein.	

Checklisten V: Einzelmaßnahmen der Exportabwicklung

Die Importbestimmungen anderer Staaten – Vorsicht vor versteckten Zusatzkosten!	Notizen
3. Die Durchführung der Legalisierung kostet auf alle Fälle zusätzliche Bearbeitungszeit. Planen Sie diese ein, da Sie die Dokumente an die Konsulate einschicken müssen und auf den postalischen Rücklauf warten müssen. Bestimmte Länder fordern zusätzliche Warenprüfungen durch unabhängige Institutionen und Prüfgesellschaften. Auch dies verursacht Zeit und Kosten. Prüfen Sie auch diese Vorgaben bereits in der Angebotsphase und preisen Sie diese Kosten in Ihr Angebot ein. Nehmen Sie hierzu mit den entsprechenden Prüfgesellschaften Kontakt auf. Diese können Ihnen frühzeitig deren Anforderungen und Kosten übermitteln.	

Checklisten VI: Außenwirtschafts- und Zollrecht

53 Die Handelsrechnung

54 Der CMR-Frachtbrief

55 Der Warenverkehr mit Drittländern – Ausfuhr

56 Das Carnet-TIR

57 Das zollrechtliche Ausfuhrverfahren

58 Der Warenursprung

59 Das Ursprungszeugnis

60 Präferenznachweise

61 Die Lieferantenerklärung

62 Das Carnet-A.T.A.

63 Der Warenhandel innerhalb der Europäischen Union

64 Der Warenverkehr mit Drittländern – Einfuhr

65 Ursprungszeugnis Form A/REX

66 Exportförderprogramme

Sie können die im Buch enthaltenen Checklisten auch im AW-Portal als ausfüllbare Word-Dateien downloaden. Sie finden die Dateien unter:
www.aw-portal.de/checklisten.

Checkliste 53: Die Handelsrechnung

Definition

Die Handelsrechnung (Commercial Invoice, Facture Commerciale) liefert als Dokument im Außenhandel genaue Informationen über das abzuwickelnde Handelsgeschäft. Sie wird i. d. R. in mehrfacher Ausfertigung ausgestellt und dient insbesondere der Überprüfung der vertragsmäßigen Abwicklung des Warengeschäftes durch den Empfänger der Ware.

Sie dient den Behörden zur Ein- und Ausfuhrüberwachung. Jeder zollpflichtigen Warensendung muss eine Rechnung beigelegt sein. Eine Handelsrechnung wird erstellt, wenn die Waren einen Handelswert haben.

Problemstellung

Es existieren keine internationalen Regelungen zu Form und Inhalt einer Handelsrechnung. Die Handelsrechnung kann im Rahmen eines Angebotes an einen Käufer abgegeben werden, um diesem genaue Angaben über Menge und Beschaffenheit der Ware, den Verkaufspreis und alle handelsüblichen Angaben zu liefern. Es existieren Sonderformen wie Konsulatsfaktura und Zollfaktura.

Hinweise zur Ausstellung sind dem Export-Nachschlagewerk KuM zu entnehmen.

Beispiel

Sie sollen eine Rechnung erstellen für eine Warenlieferung nach Russland

Checkliste

Die Handelsrechnung	Notizen
Handelsrechnungen gelten als Geschäftsbriefe. Dazu ist der Kopfbogen der Firma zu verwenden, welcher bereits die Nennung der Handelsregisternummer und die Umsatzsteueridentifikationsnummer sowie die Angaben der Bankverbindung aufweist.	
Angaben in Handelsrechnungen: ▶ Name und Anschrift des Lieferanten ▶ Name und Anschrift des Kunden ▶ Rechnungsnummer und Datum ▶ Anzahl, Art und Markierung der Kolli sowie Gewichte	
▶ genaue Warenbeschreibung und Warenmenge ▶ Einzel- und Gesamtpreis Hinweis auf die (Umsatz-)Steuerfreiheit aufgrund der Ausfuhrlieferung ▶ Zahlungsbedingung	

Die Handelsrechnung 53

Die Handelsrechnung	Notizen
Folgende Informationen können ergänzt werden: ▶ Zolltarifnummer ▶ Herstellererklärung ▶ Lieferklausel ▶ Zeitpunkt der Lieferung ▶ Versandart mit Angabe der Luftfrachtbrief-Nr., Container-Nr., Verschiffungsdaten ▶ Verpackungsdaten	
Eine **Pro-forma-Rechnung** wird für Zollzwecke ausgestellt, z. B. für kostenlose Mustersendungen oder für eine vorübergehende Verwendung von Waren im Ausland oder aber bei kostenlosen Ersatzteillieferungen. ▶ Die Lieferung erfolgt kostenlos, d. h., es erfolgt keine Berechnung. ▶ Die Pro-forma-Rechnung dient als Grundlage für die Bestimmung des Zollwerts im Importland. ▶ Der Kunde im Ausland verlangt oft vorab eine Pro-forma-Rechnung für die Beantragung von Devisen, zur Eröffnung eines Akkreditivs oder für den Erhalt einer Importlizenz.	
Eine **Konsulatsfaktura** enthält gleiche Merkmale wie eine Handelsrechnung. Sie wird vom Exporteur auf dem vorgeschriebenen Vordruck des Einfuhrlandes ausgestellt. Sie muss von einem Konsulat des Einfuhrlandes legalisiert werden und bestätigt die Übereinstimmung des fakturierten und tatsächlichen Handelswertes.	
Die **Zollfaktura** enthält gleiche Merkmale wie Handelsrechnungen. In vielen Fällen muss die Unterschrift des Exporteurs durch einen Zeugen beglaubigt werden. Zollfakturen tragen die Bezeichnung „Combined Certificate of Value and Origin and Invoice", d. h., sie enthalten somit ein Wert- und Ursprungszertifikat.	

Weitere Hilfen

▶ IHK

▶ Banken

Checkliste 54: Der CMR-Frachtbrief

▶ Definition

Ein Frachtbrief (waybill) ist ein Beförderungsdokument für den Frachtvertrag, welchen der Frachtführer bei Warenlieferungen mit sich führen muss. Im grenzüberscheitenden Straßengüterverkehr wird der CMR-Frachtbrief verwandt. Mit diesem gelten die Bestimmungen des „Übereinkommens über den Beförderungsvertrag im internationalen Straßenverkehr" (CMR), das von den meisten europäischen Staaten angenommen wurde.

? Problemstellung

Mit dem CMR wird eine Warenlieferung von einem Abgangsort bis zu einem definierten Empfangsort durchgeführt. Das CMR-Übereinkommen findet bei allen Beförderungen im gewerblichen Straßengüterverkehr von und nach Deutschland Anwendung.

Beispiel

Sie haben eine Warenlieferung nach Kasachstan auszuführen.

☑ Checkliste

Der CMR-Frachtbrief	Notizen
Grundsatzinformationen ▶ Es muss ein Beförderungsvertrag zwischen Absender und Frachtführer in einem Frachtbrief festgehalten werden. ▶ Der Frachtbrief ist in vier *Originalausfertigungen* (weiß, rot, blau, grün) zu verwenden. Alle drei Ausfertigungen sind zu unterschreiben. Verteilung: ▶ weiß: für Auftraggeber ▶ rot: für Absender ▶ blau: für Empfänger ▶ grün: für Frachtführer	
▶ Absender im Sinne des CMR ist, wer mit dem Frachtführer einen Beförderungsvertrag abschließt. ▶ Absender kann sowohl der unmittelbare Besitzer (Verlader) der Ware als auch der beauftragte Spediteur sein, der für Warenlieferungen beim Fuhrunternehmen (Frachtführer) einen Beförderungsvertrag abschließt. ▶ Nur wer einen Vertrag abgeschlossen hat, darf auch Ware befördern.	

Der CMR-Frachtbrief	Notizen
▶ Der Frachtbrief dient als **Begleitpapier**, als **Beweisurkunde** und als **Empfangsbescheinigung**, denn in ihm sind alle Daten der Warensendung enthalten; durch den **Beförderungsvertrag** wird die angegebene Ware versandt und er bestätigt die Ablieferung der Sendung im Bestimmungsland. ▶ Der ausgestellte Frachtbrief gilt immer nur für die angegebene und ausgeführte Warenlieferung.	

Weitere Hilfen

▶ IHK

▶ Speditionen

Checkliste 55: Der Warenverkehr mit Drittländern – Ausfuhr

Definition

Export/Ausfuhr ist die Bezeichnung für die Lieferung von Waren in Drittländer. Exportkontrollrechtlich umfasst der Begriff Ausfuhr nicht nur die Lieferung von Waren, sondern auch die Leistung technischer Unterstützung und die Übertragung von Software.

Problemstellung

Grundsätzlich ist der Warenverkehr frei, es sei denn, es gibt Beschränkungen. Beschränkungen gibt es durch EU-Verordnungen (u. a. Embargos, Dual-use-VO) oder nationale Gesetze (u. a. Außenwirtschaftsgesetz, -verordnung). Die Zulässigkeit der Ausfuhr ist vor jeder Lieferung zu prüfen.

Beim Export sind zum einen die Vorschriften der EU und Deutschlands zu beachten. Zum anderen müssen bereits Unterlagen für den Kunden besorgt werden, wenn der Kunde diese für die Einfuhr in seinem Land benötigt. Diese Anforderungen werden vom Bestimmungsland vorgegeben.

Beispiel

Ein deutsches Exportunternehmen stellt Zellstoffwatte her. Mitarbeiter des Unternehmens waren auf einer internationalen Messe und haben viele interessante Kundenanfragen erhalten. Feste Anfragen liegen aus den Ländern Russland, Schweiz und Kuwait vor.

Checkliste

Der Warenverkehr mit Drittländern – Ausfuhr	Notizen
Jetzt muss der Exportbearbeiter prüfen: ▶ Darf die Ware in diese Länder ausgeführt werden? ▶ Wie sieht die Vertragsgestaltung mit den Kunden aus? ▶ Welche Zahlungs- und Lieferbedingung wurde vereinbart? ▶ Welche Bestimmungen und Bedingungen müssen beachtet werden? ▶ Gibt es Verbote und Beschränkungen? ▶ Gibt es Vergünstigungen in Form von Präferenzabkommen?	
▶ Welche Dokumente müssen für die drei o. g. Länder (s. Beispiel) ausgestellt werden? Wo bekomme ich diese und wer stellt diese aus? ▶ Wann benötige ich die Zollanmeldung?	

Der Warenverkehr mit Drittländern – Ausfuhr	Notizen

Grundsatzinformationen
Der erste Schritt ist die Prüfung, ob die Ware aus exportkontrollrechtlicher Sicht geliefert werden darf.
Zu prüfen sind:
▶ Güter
  – Im EZT kann in der Ausfuhranwendung (Link: http://auskunft.ezt-online.de/ezto) geprüft werden, ob eine Nähe zur Güterliste vorliegt. Dafür ist die achtstellige Warennummer (hier: 4803 0010) zu ermitteln.
  – Unterliegt die Ware einer Genehmigungspflicht (bei Listung in Ausfuhrliste oder der Dual-use-VO), muss vorab beim BAFA ein Antrag gestellt werden. Erst nach Erteilung einer Ausfuhrgenehmigung kann dann eine Auslieferung erfolgen.
▶ Kunde/Endverwender
Dies wird im Regelfall mit Software-Unterstützung geprüft. Der Endverwender sollte manuell auf eine Listung überprüft werden.
▶ Bestimmungsland
Wird in ein Embargoland geliefert, ist das Embargo zu prüfen. Dies ist hier bei der Anfrage aus Russland zu bewerten.
▶ Endverwendung
Bei militärischer oder nuklearer Verwendung kann sich eine Genehmigungspflicht ergeben. Dies kann mithilfe einer Endverbleibserklärung vom Kunden abgefragt werden.
Der zweite Schritt ist die Gegenüberstellung der drei Länder gemäß den KuM (Konsulats- und Mustervorschriften). Diese Vorschriften enthalten die Informationen für alle Länder der Welt.
Auszug aus den KuM-Länderinformationen:
Was muss beim Land Russland beachtet werden?
▶ Handelsrechnung mit allen handelsüblichen Angaben
▶ Ursprungszeugnis
▶ sonstige Begleitpapiere
▶ besondere Bestimmungen
▶ Mustervorschriften
▶ Verpackungsbestimmungen
Was muss beim Land Schweiz beachtet werden?
zusätzlich/abweichend:
▶ Präferenzpapier, wenn Voraussetzungen erfüllt sind	

Der Warenverkehr mit Drittländern – Ausfuhr	Notizen
Was muss beim Land Kuwait beachtet werden? zusätzlich/abweichend: ▶ Handelsrechnungen mit allen handelsüblichen Angaben und Beglaubigung bzw. Legalisierung der Rechnung ▶ Ursprungszeugnis – Beglaubigung und Legalisierung; dies hängt von der Zahlungsbedingung bzw. von der Forderung des Importeurs ab ▶ Konsulatsgebühren	
Die Unterschiede ergeben sich aus den Bestimmungen des Landes, der Kundenvorschrift und der Zahlungsbedingung. ▶ Der Exportbearbeiter muss den vorliegenden Vertrag auf Zahlungs- und Lieferbedingung prüfen.	
Die Ausstellung der entsprechenden Dokumente wie: ▶ Handelsrechnungen ▶ Ursprungszeugnisse IHK ▶ Präferenznachweise (Warenverkehrsbescheinigungen EUR.1, EUR MED und A.TR., Ursprungserklärung auf der Rechnung) ▶ Frachtbriefe wird in separaten Checklisten erklärt.	
Zollrechtliche Abwicklung Warensendungen in Drittländer werden in das Ausfuhrverfahren überführt. Es handelt sich um ein zweistufiges Zollverfahren: 1. Stufe bei der Ausfuhrzollstelle (örtlich zuständige Zollstelle; grundsätzlich am Sitz des Ausführers, wenn sich die Ware dort befindet; alternativ Ort des Verladens/Verpackens) 2. Stufe bei der Ausgangszollstelle ▶ Die Datenübermittlung kann auf verschiedenen Wegen erfolgen, d. h. mit der Internet-Ausfuhranmeldung IAA Plus, durch einen Dienstleister (Spedition, Zollagent) oder durch das Unternehmen selbst, wenn die ATLAS-Software vorhanden ist. ▶ Vereinfachung: mündliche Anmeldung direkt bei der Ausgangszollstelle bei Sendungen < 1.000 € und/oder 1.000 kg möglich	

Der Warenverkehr mit Drittländern – Ausfuhr	Notizen
Was man sonst noch wissen sollte	
▶ Auskünfte über die zu entrichtenden Einfuhrabgaben im Bestimmungsland findet man unter Angabe der Warennummer für die meisten Länder in der Market Access Database: http://madb.europa.eu/madb/indexPubli.htm.	
Weitere geforderte Dokumente gemäß unseren o. g. Beispielen: ▶ Bei **Russland** und **Kuwait** wird ein IHK-Ursprungszeugnis verlangt. Dieses wird zusätzlich beglaubigt. ▶ Bei Dokumenten für **Kuwait** wird außer der Beglaubigung noch eine Legalisierung gefordert. ▶ Bei der Lieferung in die **Schweiz** kann der Kunde Zollvorteile in Anspruch nehmen, wenn er ein Präferenzpapier vom europäischen Lieferanten bekommt. Präferenznachweise dürfen nur ausgestellt werden, wenn die Voraussetzungen dafür erfüllt werden, s. Checkliste 60.	
Für die Auslieferung in die drei genannten Länder beachten Sie bitte die Hinweise gemäß KuM zu Verpackungsvorschriften, Etikettierungen, Zertifizierungen, Mustervorschriften und sonstigen Vorschriften der Länder. Alternativ kann Ihnen auch Ihr Kunde diese Vorgaben mitteilen. **Umsatzsteuer** Ausfuhrlieferungen sind gemäß § 4 Nr. 1a i. V. m. § 6 UStG steuerfrei. Als Nachweis wird der Ausgangsvermerk benötigt, den Sie bekommen, wenn das Ausfuhrverfahren ordnungsgemäß erledigt wurde. Auf der Rechnung ist ein Hinweis auf die Steuerfreiheit aufgrund der Ausfuhr anzubringen.	

Andere Lösungsmöglichkeiten

▶ zuständige IHK

▶ zuständiges Hauptzollamt

▶ Fachmann in der Außenwirtschaftsabteilung der Kundenbank (Bank mit internationalem Geschäft)

▶ Bundesamt für Wirtschaft und Ausfuhrkontrolle (BAFA)

Checkliste 56: Das Carnet-TIR

▶ Definition

Das Carnet TIR ist ein Dokument für den Transport unverzollter Ware im Straßenverkehr (Lkw), der über mehrere Länder reicht. Ein Warentransport kann damit von Russland bis in die EU mit diesem einen Zolldokument erfolgen.

Das TIR-Übereinkommen von 1975 wurde im Rahmen der Wirtschaftskommission der Vereinten Nationen für Europa (UN/ECE) geschaffen (Transport International de Marchandises par la Route). Es ist eines der erfolgreichsten internationalen Verkehrsabkommen.

Praktisch durchführbar ist ein Versandverfahren mit Carnet TIR in den Ländern, die über national zugelassene, bürgende Verbände verfügen. Die zeitweilige Nichterhebung von Einfuhrzöllen und -abgaben ermöglicht eine flexible Warenbeförderung zwischen den derzeit 68 Vertragsparteien des TIR-Übereinkommens. Der Länderkreis ist unter http://www.zoll.de/DE/Fachthemen/Zoelle/Zollverfahren/Versandverfahren/Carnet-TIR/Grundlagen/Allgemeine-Grundlagen/allgemeine-grundlagen.html im Dokument „Liste der Vertragsparteien" zu finden.

Mit dem TIR-Verfahren haben Unternehmen den Vorteil, dass sie Transporte über mehrere Länder mit einem einzigen Zolldokument und ohne separate Sicherheitsleistung durchführen können.

❓ Problemstellung

Vor Eröffnung des Verfahrens bei der Abgangszollstelle muss das Papierdokument bei den ausgebenden Stellen eingeholt werden. Dann kann die Eröffnung des Verfahrens bei der Zollstelle beantragt werden. Seit dem 1.1.2009 wird das Verfahren in der EU zusätzlich über das NCTS-Versandverfahren elektronisch abgewickelt.

Voraussetzung für Transporte im TIR-Verfahren ist, dass das Fahrzeug verschlusssicher ist.

⚙ Beispiel

Eine Ware soll im Carnet-TIR-Verfahren nach Kasachstan geliefert werden.

✅ Checkliste

Das Carnet TIR	Notizen
Grundsatzinformationen ▶ Die Eröffnung des TIR-Verfahrens erfolgt bei der Abgangszollstelle. ▶ Bei Transporten innerhalb der EU ist zusätzlich zum Papierdokument eine elektronische Versandanmeldung in NCTS zu eröffnen. ▶ Die Zollstelle überprüft die Angabe der Ware und verschließt den Lkw. Ein Transport mit Carnet TIR wird grundsätzlich unter Zollverschluss durchgeführt. Der Lkw, dessen Ladeeinheiten zollverschlussfähig sein müssen, wird zu Beginn des Transports vom Abgangszollamt verplombt. ▶ Die Zollplombe wird im Carnet und in der elektronischen Versandanmeldung eingetragen. Der Zollbeamte eröffnet das Carnet TIR und bestätigt damit, dass mit dem Fahrzeug die im Dokument aufgeführten Waren unter Zollverschluss befördert werden. Der Transport kann beginnen. ▶ An den Durchgangszollstellen sind das Beförderungsmittel mit der Warenladung und das gültige Carnet TIR vorzuführen. ▶ Bei der Bestimmungszollstelle wird das Verfahren beendet. Dann schließt sich ein anderes Zollverfahren an. ▶ Ein Carnet TIR gilt jeweils nur für eine Beförderung und ist dann beendet, wenn die Waren den Empfänger erreicht haben.	
▶ Jeder Transportunternehmer muss vor Beginn des Verfahrens eine besondere Verpflichtungserklärung unterzeichnen. ▶ Der Unternehmer ist verpflichtet, das Carnet unmittelbar nach Beendigung des Transports an die Ausgabestelle zurückzugeben.	
Was man sonst noch wissen sollte	
▶ Die Fahrzeuge müssen bei Warenbeförderung mit Carnet TIR vorn und hinten durch die rechteckige blaue Tafel mit weißer Aufschrift TIR gekennzeichnet sein. ▶ Die Gültigkeitsdauer beträgt ab dem Ausgabetag höchstens 60 Tage. ▶ Die Aus- und Weitergabe von TIR-Dokumenten erfolgt in Deutschland über die Landesorganisationen des Bundesverbandes Güterkraftverkehr, Logistik und Entsorgung e. V. (BGL) in Frankfurt/Main oder die Arbeitsgemeinschaft	

Checklisten VI: Außenwirtschafts- und Zollrecht

Das Carnet TIR	Notizen
zur Förderung und Entwicklung des internationalen Straßenverkehrs e. V. (AIST) in Berlin. ▶ Jeder Verstoß gegen die Vorschriften zum Verfahren wird strafrechtlich verfolgt. Folge kann der dauerhafte Ausschluss aus dem TIR-Verfahren sein.	

Weitere Hilfen

▶ Speditionen

▶ Zolldienstleister

▶ Landesorganisationen des Bundesverbandes Güterkraftverkehr, Logistik und Entsorgung e. V. (BGL) in Frankfurt/Main

▶ Arbeitsgemeinschaft zur Förderung und Entwicklung des internationalen Straßenverkehrs e. V. (AIST) in Berlin

Checkliste 57: Das zollrechtliche Ausfuhrverfahren

Definition

Wird Ware exportiert, ist die Sendung zum zollrechtlichen Ausfuhrverfahren anzumelden. Sinn und Zweck des Ausfuhrverfahrens ist die Erfüllung der handelspolitischen Maßnahmen. Damit sind Verbote und Beschränkungen gemeint, insbesondere Exportkontrollvorschriften.

Problemstellung

Beim Ausfuhrverfahren handelt es sich um ein zweistufiges Zollverfahren.

Die **erste Stufe** stellt die Eröffnung des Ausfuhrverfahrens bei der Ausfuhrzollstelle dar. Dabei ist eine elektronische Ausfuhranmeldung an die zuständige Ausfuhrzollstelle zu senden. Zudem ist die Ware bei der Ausfuhrzollstelle – während deren Öffnungszeiten – vorzuführen.

Als Alternative können Sie beantragen, dass die Sendung außerhalb des Amtsplatzes gestellt wird. Dies müssen Sie bereits am Vortag des Verpackens und Verladens, mindestens zwei Stunden vor Dienstschluss der Zollstelle, über die Ausfuhranmeldung beantragen.

Die Ausfuhrzollstelle überprüft die elektronische Ausfuhranmeldung und die Ausfuhrwaren hinsichtlich der Zulässigkeit der Ausfuhr. Wenn die Ausfuhr zulässig ist, überlässt die Ausfuhrzollstelle die Waren zur Ausfuhr. Ein Ausfuhrbegleitdokument (ABD) wird von der Zollstelle ausgedruckt. Auf diesem befindet sich die Registriernummer, die für die zweite Stufe benötigt wird.

In der zweiten Stufe gestellen Sie die Waren der Ausgangszollstelle. Das ist die Zollstelle, über die die Waren aus dem Zollgebiet der Union exportiert werden. Dort legen Sie die Registriernummer Ihrer Ausfuhranmeldung (alterativ das ABD) vor.

Die Ausgangszollstelle prüft, ob die Waren mit denen der ersten Stufe identisch sind. Wenn keine Unregelmäßigkeiten festgestellt werden, überlässt die Ausgangszollstelle die Waren zum Ausgang und überwacht diesen.

Nachdem die Waren die EU verlassen haben, erfolgt eine Rückmeldung von der Ausgangszollstelle an die Ausfuhrzollstelle. Damit ist das Ausfuhrverfahren erledigt. Das ausführende Unternehmen kann nun den Ausgangsvermerk drucken. Dieser wird als Nachweis für die umsatzsteuerfreie Ausfuhrlieferung für das Finanzamt benötigt.

Vereinfachung als zugelassener Ausführer

Für die erste Stufe des Ausfuhrverfahrens kann das vereinfachte Anmeldeverfahren beantragt werden. Vorteil gegenüber dem Normalverfahren ist, dass die Ware im Unternehmen oder anderen zugelassenen Gestellungsorten gestellt wird. Es ist eine elektronische Ausfuhranmeldung an die Ausfuhrzollstelle zu senden. Diese wird jedoch nicht manuell geprüft, sondern automatisiert überlassen. Dadurch sparen sich Unternehmen, die häufiger exportieren, Zeit und Geld.

Um die Vereinfachung in Anspruch nehmen zu können, wird eine Bewilligung der Zollbehörden als „Zugelassener Ausführer" (ZA) benötigt. Diese kann beim zuständigen Hauptzollamt beantragt werden.

Beispiel
Sie liefern eine Sendung mit Maschinen in die Schweiz. Dazu müssen Sie eine Ausfuhranmeldung erstellen. Sie verfügen über eine Bewilligung als zugelassener Ausführer.

Checkliste

Das zollrechtliche Ausfuhrverfahren	Notizen
Grundsatzinformationen ▶ Das Ausfuhrverfahren dient der Überwachung von Verboten und Beschränkungen beim Export.	
▶ Die Warensendung befindet sich in Ihrem Unternehmen und ist bereit für den Versand. ▶ Sie erstellen eine Ausfuhranmeldung und erhalten eine Registriernummer (MRN). ▶ Wichtige Inhalte der Ausfuhranmeldung sind die Felder Zolltarifnummer (achtstellig), Warenbeschreibung (so genau, dass man anhand dieser die Ware eintarifieren kann) und die Unterlagencodierungen (insbesondere zur Exportkontrolle). Mehr Infos bekommen Sie im Merkblatt zu Zollanmeldungen (www.zoll.de > Formulare und Merkblätter). ▶ Durch Ihre **Bewilligung als ZA** wird die Ausfuhranmeldung automatisiert überlassen. Sie können das ABD ausdrucken. Dies geben Sie dem Fahrer mit, damit die Sendung damit bei der Ausgangszollstelle vorgeführt werden kann. **Ausgangszollstelle** ▶ An der Ausgangszollstelle wird die Sendung unter Vorlage der Registriernummer oder des ABD vorgeführt. ▶ Die Zollstelle gibt die Erlaubnis zum Ausgang, überwacht diesen und meldet dies an die Ausfuhrzollstelle. Damit ist das Ausfuhrverfahren erledigt. ▶ Das Unternehmen kann den Ausgangsvermerk drucken. Erfolgt der Ausgang nicht korrekt, muss dieser durch Alternativnachweise im Nachgang nachgewiesen werden. Dies kann beispielsweise durch Verzollungsbelege des Bestimmungslandes belegt werden.	

Das zollrechtliche Ausfuhrverfahren	Notizen
Was man sonst noch wissen sollte Sollten Sie keine Überlassung von der Ausfuhrzollstelle bekommen, kann dies daran liegen, dass die Zollstelle eine Wartezeit bei Ihrer Bewilligung eingestellt hat. Dann wird in Kürze ein Zollbeamter bei Ihnen im Unternehmen zur Kontrolle erscheinen. Die Ausfuhrzollstellen prüfen in regelmäßigen Abständen, ob die zugelassenen Ausführer zutreffende Anmeldungen erstellen.	

Weitere Hilfen

▶ Hauptzollämter

▶ Zollämter

▶ Zolldienstleister

Checkliste 58: Der Warenursprung

Definition

Präferenzieller Ursprung

Für Waren mit präferenziellem Ursprung kann der Kunde im Empfangsland Zollvorteile erhalten. Die Waren können mit ermäßigtem oder zum Nullzollsatz eingeführt werden.

Präferenzen (Vergünstigungen) sind zollrechtliche Vorzugsbehandlungen für Waren aus Ländern, mit denen die EU Vereinbarungen in Form einer Zollunion, eines Handelsabkommens oder zur Wirtschaftsförderung getroffen hat. Exporte und Importe können mithilfe von Präferenzen kostengünstiger gestaltet werden. Das wirkt sich positiv auf die Wettbewerbsfähigkeit der eigenen Produkte gegenüber Mitbewerbern aus. Im zollrechtlichen Sinne stellen Präferenzmaßnahmen eine Vorzugsbehandlung für Waren aus bestimmten Ländern und Gebieten dar. Es handelt sich dabei im Vergleich zum Regelzollsatz um einen ermäßigten Zollsatz oder um Zollfreiheiten.

Handelsabkommen hat die Europäische Union mit einer Vielzahl von Ländern abgeschlossen. Die Ware muss im jeweiligen Abkommen den festgelegten Be- oder Verarbeitungslisten entsprechen, um als präferenzielle Ursprungsware zu gelten.

Der Nachweis für die Gewährung der Zollfreiheit ist ein Präferenzpapier. Dies wird von der Ausfuhrzollstelle ausgestellt. Die vereinfachte Ursprungserklärung auf der Rechnung kann unter bestimmten Voraussetzungen vom Ausführer selbst ausgestellt werden.

Eine Übersicht der Länder, mit denen die EU Präferenzabkommen abgeschlossen hat, finden Sie unter https://wup.zoll.de/wup_online/uebersichten.php?id=1&stichtag=22.02.2017.

Nichtpräferenzieller Ursprung

Der nichtpräferenzielle Ursprung gilt für alle Waren, da Waren nach der Herstellung einen handelspolitischen Ursprung erreicht haben. Rechtsgrundlage hierfür ist der Unionszollkodex. Der förmliche Nachweis für den handelspolitischen Ursprung einer Ware ist das Ursprungszeugnis, welches in Deutschland von den Industrie- und Handelskammern ausgestellt wird.

Warenmarkierung „Made in ..."

Die Warenmarkierung dient dem Verbraucherschutz im jeweiligen Empfangsland. Rechtsgrundlagen sind das „Madrider Abkommen zur Unterdrückung falscher Herkunftsangaben" und in Deutschland das Gesetz gegen den unlauteren Wettbewerb (UWG). Eine Verpflichtung zur Kennzeichnung von Produkten mit „Made in Germany" gibt es in Deutschland aktuell nicht. Es gibt jedoch die Vorgabe, dass Kennzeichnungen, die auf Waren oder deren Verpackung angebracht werden, zutreffend sein müssen. Andernfalls besteht die Möglichkeit, dass Waren mit widerrechtlicher Kennzeichnung von den Zollbehörden beim Import eingezogen werden dürfen.

Eine Verpflichtung kann sich jedoch aus den Vorgaben des Bestimmungslandes ergeben.

Problemstellung

Wenn wir im Außenhandel von Ursprung sprechen, kann es zu Verwechslungen kommen. Es werden drei Arten des Warensprungs unterschieden. Sollte ein Kunde von Ihnen einen Ursprungsnachweis fordern, müssen Sie zunächst erfragen, für welche Art des Ursprungs bzw. für welchen Zweck er den Nachweis benötigt. Der Ursprungsbegriff wird bei der Abwicklung des grenzüberschreitenden Warenverkehrs verwendet und unterscheidet drei Arten:

- präferenzieller Ursprung
- nichtpräferenzieller Ursprung
- Warenmarkierung „Made in …"

Beispiel

Sie haben Waren im eigenen Betrieb hergestellt, welche in die Schweiz geliefert werden sollen.

Ihr Kunde verlangt von Ihnen neben der Handelsrechnung auch ein Ursprungszeugnis und einen Präferenznachweis. Diese dürfen Sie ausstellen, wenn die Ware nichtpräferenzielle und präferenzielle Ursprungsware der EU ist.

Checklisten VI: Außenwirtschafts- und Zollrecht

☑ Checkliste

Der Warenursprung	Notizen
Zum Nachweis des nichtpräferenziellen Ursprungs kann bei der Ausfuhr ein Ursprungszeugnis (UZ) ausgestellt werden. Dies erfolgt, wenn der Kunde ein UZ für den Import in seinem Land benötigt. **Ursprungsregeln** Die Art. 59 bis 63 UZK sind die Rechtsgrundlagen für die Bestimmung des nichtpräferenziellen Ursprungs einer Ware. Nach Art. 60 Abs. 1 UZK gelten Waren, die in einem einzigen Land oder Gebiet vollständig gewonnen oder hergestellt worden sind, als Ursprungswaren dieses Landes oder Gebietes. Diese Regelung kommt in der Praxis eher selten zur Anwendung.	
Herstellung von Waren in mehr als einem Land bestimmt Art. 60 Abs. 2 UZK. Die Ware gilt als Ursprungsware des Landes, in dem sie der letzten wesentlichen und wirtschaftlich gerechtfertigten Be- oder Verarbeitung unterzogen worden ist, die in einem dazu eingerichteten Unternehmen vorgenommen worden ist und zur Herstellung eines neuen Erzeugnisses geführt hat oder eine bedeutende Herstellungsstufe darstellt.	
Nichtpräferenzieller Ursprung **Ursprungsnachweise** Für Waren, die *nicht* im eigenen Betrieb des Antragstellers hergestellt wurden, verlangt die IHK entsprechende Nachweise, welche den Ursprung der Ware zeigen, wenn für die Auslieferung dieser Waren ein Ursprungszeugnis verlangt wird. Ursprungsnachweise können sein: ▶ eine Lieferantenerklärung ▶ anderes Ursprungszeugnis (Kammer-Ursprungszeugnis, d. h. von einer anderen IHK ausgestellt; nur gültig in DE) ▶ Präferenznachweise, wie eine Warenverkehrsbescheinigung EUR.1, EUR MED oder eine Ursprungserklärung auf Handelsrechnungen (bis 6.000 € oder unbegrenzt bei ermächtigen Ausführern) Ursprungszeugnisse (UZ) werden von der Kammer *nur* auf Originalformularen ausgestellt und wenn der Vordruck vollständig ausgefüllt ist. Für die Richtigkeit der abgegebenen Dokumente übernimmt der Unterzeichner des UZ-Antrages mit seiner Unterschrift volle Haftung.	

Der Warenursprung	Notizen
▶ Der IHK sind Unterschriften der Unternehmen gemäß Unterschriftshinterlegung einzureichen. ▶ Beachten Sie, dass Ursprungszeugnisse evtl. gemäß KuM-Vorschrift oder Forderungen des Importeurs oder gemäß L/C-Bedingungen nach der Beglaubigung der IHK noch legalisiert werden müssen. ▶ In unserem Beispiel für die **Schweiz** wäre eine Legalisierung nicht vorgeschrieben, aber bei dem Land **Kuwait** wäre das eine Forderung des Landes und/oder eine L/C-Bedingung. – Das vereinfachte Verfahren der Ausstellung von UZ über den Online-Zugang Ihrer IHK ist ebenso möglich.	
Präferenzieller Ursprung Für unser o. g. Beispiel „Lieferung in die Schweiz" können Sie ein Präferenzpapier ausstellen, damit Ihr Kunde in der Schweiz die Ware zollfrei oder mit einem reduzierten Einfuhrzoll einführen kann. Voraussetzung für die Ausstellung ist, dass es sich um europäische Ursprungsware gemäß den Vorgaben des Abkommens der EU mit der Schweiz handelt. Wurde die Ware zugekauft, muss vom Lieferanten als Vorpapier eine Lieferantenerklärung (s. Checkliste 61) als Nachweis über den EU-Ursprung mitgeliefert werden. Wurde die Ware bearbeitet, muss die Mindestverarbeitung nach dem Präferenzabkommen geprüft werden. Die Mindestverarbeitung kann unter https://wup.zoll.de > Gegenüberstellung der Verarbeitungsliste unter Eingabe der Zolltarifnummer und des Abkommens CH ermittelt werden. ▶ Präferenznachweise = Warenverkehrsbescheinigungen EUR.1 oder EUR MED werden vom Ausführer ausgefüllt und dem zuständigen Zollamt zur Ausstellung vorgelegt. ▶ Bei Warenlieferungen bis 6.000 € kann auch die Ursprungserklärung auf der Rechnung abgegeben werden. ▶ Ist der Ausführer ermächtigter Ausführer, kann die Ursprungserklärung unbegrenzt vom Warenwert abgegeben werden. Damit spart sich der Ausführer den Weg zur Ausfuhrzollstelle. **Wortlaut der Ursprungserklärung auf der Rechnung** *Der Ausführer (ggf. ermächtigter Ausführer/Bewilligungsnummer …) der Waren, auf die sich dieses Handelspapier bezieht, erklärt, dass die Waren, soweit nicht anders angegeben, präferenzbegünstigte … Ursprungswaren sind.*	

Checklisten VI: Außenwirtschafts- und Zollrecht

Der Warenursprung	Notizen
Die Warenmarkierung „Made in …" als **wettbewerbsrechtlicher Ursprung** dient dem Verbraucherschutz im Bestimmungsland. ▶ „Made in Germany" ist eine Herkunftsbezeichnung. ▶ Die Bezeichnung gilt heute für viele Käufer als Gütesiegel. ▶ Bei Falschangaben kann die Ware bei der Einfuhr beschlagnahmt bzw. vernichtet werden.	

Weitere Hilfen

▶ IHK

▶ Zollstellen bzw. Hauptzollämter

Checkliste 59: Das Ursprungszeugnis

▶ Definition

Das Ursprungszeugnis (certificate of origin) ist ein Dokument, in dem der Ursprung der Ware durch eine hierzu berechtigte Stelle bescheinigt wird. Zuständig für die Ausstellung von Ursprungszeugnissen für die Warenausfuhr sind in Deutschland die Industrie- und Handelskammern.

❓ Problemstellung

Ursprungszeugnisse (UZ) werden nur benötigt, wenn die Zollbehörde des Importlandes oder der Kunde dies – laut Akkreditiv- oder Kaufvertragsbedingungen – vorschreibt. Für die Ausfuhr aus der EU ist es nicht erforderlich. Es wird vom Kunden für den Import in seinem Land benötigt. Das UZ ist in diesen Fällen eine vom Einfuhrland vorgeschriebene, zwingende Voraussetzung, um Waren importieren zu dürfen. Das Ursprungszeugnis bietet keine Grundlage für eine zollfreie oder ermäßigte Einfuhr im Bestimmungsland.

Ursprungszeugnisse werden aus unterschiedlichen Gründen gefordert. Sie dienen der Überwachung und Steuerung von Handelsströmen. Einfuhrgenehmigungen und -lizenzen sind ebenso daran geknüpft wie z. B. Antidumpingmaßnahmen.

Ursprungszeugnisse bescheinigen den „nichtpräferenziellen Ursprung" einer Ware. Bei der Beantragung des UZ muss der Ausführer nachweisen, dass es sich bei der Ware um nichtpräferenzielle Ursprungswaren handelt. Jeder Ware kann ein nichtpräferenzieller Ursprung zugewiesen werden.

⚙ Beispiel

Sie haben einen Auftrag eines russischen Kunden über die Lieferung einer Maschine. Die Lieferung soll erfolgen und Ihr Kunde verlangt von Ihnen ein Ursprungszeugnis. Wie bekommen Sie das UZ?

✅ Checkliste

Das Ursprungszeugnis	Notizen
Grundsatzinformationen ▶ Ursprungszeugnisse werden von der IHK ausgestellt, wenn der Antragsteller seinen Sitz, seine Betriebsstätte oder seinen Wohnsitz im jeweiligen Kammerbezirk hat. ▶ Ursprungszeugnisse müssen der örtlich zuständigen IHK ausgestellt vorgelegt werden und diese wird nach Prüfung des Dokumentes der Ausstellung zustimmen. ▶ Zum Zeitpunkt der UZ-Beantragung muss die Ware grundsätzlich versandbereit sein. ▶ Es muss das vorgeschriebene Formular (Original, roter Antrag, gelbe Durchschrift) verwendet werden.	

Das Ursprungszeugnis	Notizen
▶ Radierungen und Überschreibungen sowie Änderungen im Originalformular sind nicht zulässig. ▶ Nach Ausstellung mit Siegel, Datum und Unterschrift ist das Ursprungszeugnis eine Urkunde. ▶ Jedes Formular trägt eine Seriennummer (z. B. L 660088). ▶ Werden Ursprungszeugnisse in mehreren Kopien verlangt, sind grundsätzlich die gelben Formularkopien zu verwenden. ▶ Ursprungszeugnisse können mittlerweile auch online bei der IHK beantragt werden. Nehmen Sie bitte dazu mit Ihrer zuständigen IHK Kontakt auf, um sich über diese Möglichkeiten beraten zu lassen. Im Internet sind Vorabinformationen unter http://signatur.ihk.de zu finden.	
Forderungen nach **Bescheinigungen und Legalisierungen** der Exportdokumente kommen immer aus dem Bestimmungsland, nicht aus dem Inland. Diese Bescheinigungen erfolgen durch die IHK. **Legalisierung** heißt Überbeglaubigung von bescheinigten Dokumenten. Das Konsulat bestätigt damit, dass die Dokumente, z. B. Handelsrechnung und Ursprungszeugnis, welche vorab von einer IHK durch Unterschrift bescheinigt bzw. beglaubigt wurden, geprüft sind. Die Unterschriften der entsprechenden IHK-Mitarbeiter liegen den Konsulaten vor, sodass eine problemlose Legalisierung der Dokumente vom Konsulat erfolgt. ▶ Die Legalisierung der Exportdokumente bei den Botschaften ist mit **Gebühren** verbunden. ▶ Die Anzahl der einzureichenden Dokumente und die Zahlung der Gebühren sind für die einzelnen Länder unterschiedlich und in den KuM genau beschrieben. **Achtung:** Diese Bestimmungen unterliegen häufig Veränderungen und sollten im Bedarfsfall genau beachtet werden.	
Um alle Forderungen erfüllen zu können, d. h. Exportdokumente richtig auszustellen, wird Ihnen von Institutionen gern Hilfe angeboten. Ihr erster Ansprechpartner sollte Ihre zuständige IHK sein. Sie stellt für Sie Ursprungszeugnisse und alle anderen amtlichen Bescheinigungen aus. Sie beglaubigt Ihre Exportrechnungen und andere dem Außenwirtschaftsverkehr dienende Dokumente.	

Das Ursprungszeugnis	Notizen
Was man sonst noch wissen sollte	
Die Ausstellung der Ursprungszeugnisse und aller anderen dem Außenwirtschaftsverkehr dienenden Dokumente sind bei der IHK gebührenpflichtig (jede IHK hat eine Gebührenordnung).	

Weitere Hilfen

- IHK
- Banken
- Konsulate

Checkliste 60: Präferenznachweise

Definition

Präferenzen (Vergünstigungen) sind zollrechtliche Vorzugsbehandlungen für Waren aus Ländern, mit denen die EU Vereinbarungen in Form einer Zollunion, eines Handelsabkommens oder zur Wirtschaftsförderung getroffen hat. Es handelt sich bei der Vergünstigung um einen ermäßigten Zollsatz oder um Zollfreiheiten.

Die seitens der Europäischen Union anwendbaren Präferenzzollsätze sind ebenso wie die Regelzollsätze (Drittlandzollsätze) Bestandteil des Zolltarifs. Im Zolltarif ist definiert, welche Waren von den Regelungen erfasst sind.

Um die Vergünstigung beim Import in Anspruch nehmen zu können, ist ein Präferenzpapier erforderlich. Dies wird bei der Ausfuhr vom Lieferanten ausgestellt.

Voraussetzung ist, dass die Ware die Voraussetzungen für die Ausstellung erfüllt. Bei Ware aus Ländern, mit denen die EU Freihandelsabkommen geschlossen hat, muss es sich um präferenzielle Ursprungsware handeln. Bei Lieferungen aus Ländern einer Zollunion muss die Ware Freiverkehrsware sein.

Länder, mit denen eine Zollunion besteht: Türkei (außer bei EGKS-Waren und Lebensmitteln), Andorra, San Marino.

Länder, mit denen die EU Handelsabkommen hat, sind zu finden unter https://wup.zoll.de/wup_online/uebersichten.php?id=1&stichtag=21.02.2017.

Förmliche Präferenzpapiere sind die Warenverkehrsbescheinigungen EUR.1, EUR MED und A.TR. Alternativ kann auch im vereinfachten Verfahren die Ursprungserklärung auf der Rechnung genutzt werden.

Auch hierzu finden Sie eine Übersicht, für welches Land welches Präferenzpapier erforderlich ist, unter https://wup.zoll.de/wup_online/uebersichten.php?id=2&stichtag=21.02.2017.

Für Ursprungswaren wird die Warenverkehrsbescheinigung EUR.1, bei bestimmten Ländern auch die EUR MED oder die Ursprungserklärung auf der Rechnung ausgestellt. Bei Lieferungen aus der Türkei wird für Ware der Zollunion die Warenverkehrsbescheinigung A.TR verwendet.

Problemstellung

Die EUR.1 oder EUR MED ist der Zollstelle ausgefüllt vorzulegen. Anstelle einer Warenverkehrsbescheinigung kann der Hersteller oder Versender der Waren auch eine Ursprungserklärung (UE) auf der Rechnung (der Wortlaut ist vorgeschrieben) vornehmen. Der Aussteller eines Präferenzpapiers muss in der Lage sein, die Ursprungseigenschaften der Waren bei einer späteren Kontrolle nachzuweisen.

Der präferenzielle Ursprung wird bei Handelsware mit einer Lieferantenerklärung des Zulieferers nachgewiesen. Bei Ware, die selbst gefertigt wurde, müssen die in den Präferenzabkommen vorgeschriebenen Mindestverarbeitungsschritte in der EU erfolgt sein. Die Mindestverarbeitung finden Sie anhand der Zolltarifnummer der Exportware und dem Präferenzpartnerland in www.wup.zoll.de > Gegenüberstellung der Verarbeitungsliste heraus.

Bei Lieferungen von Waren der Zollunion in die Türkei ist der Freiverkehrsstatus der Ware nachzuweisen. Entweder wurde die Ware aus einem Drittland eingeführt und verzollt. Dann ist der Abgabenbescheid der entsprechende Nachweis. Eine andere Möglichkeit ist bei Zukäufen aus der EU die Einkaufsrechnung.

Beispiel

Sie haben Ware aus der EU zugekauft, welche jetzt in die Schweiz geliefert werden soll. Vom Zulieferer haben Sie eine Lieferantenerklärung bekommen. Auf dieser ist die Schweiz eingetragen.

Checkliste

Präferenznachweise	Notizen
Grundsatzinformationen ▸ Mit der Schweiz besteht ein Präferenzabkommen. Daher kann der Kunde Zoll sparen, wenn bei der Ausfuhr aus der EU ein Präferenznachweis ausgestellt wird. Voraussetzung ist, dass es sich um präferenzielle Ursprungsware handelt. Dies können Sie durch die Lieferantenerklärung nachweisen. ▸ Bei der Ausfuhr der Ware wird der Präferenznachweis ausgestellt. Dies kann eine Warenverkehrsbescheinigung EUR.1, EUR MED oder eine Ursprungserklärung auf der Rechnung sein. ▸ Die förmlichen Präferenznachweise sind ausgefüllt und mit Nachweisen über den Ursprung (Hier: LE) bei der Ausfuhrzollstelle einzureichen. ▸ Bei Sendungen bis zu einem Wert von 6.000 € kann jeder Ausführer alternativ eigenverantwortlich (also ohne Mitwirkung der Zollstelle) eine Ursprungserklärung auf einem Handelspapier abgeben. ▸ Wird die Wertgrenze von 6.000 € überschritten, ist ein förmliches Präferenzpapier, hier EUR.1 oder EUR MED, auszustellen. ▸ Nur „Ermächtigte Ausführer" (Bewilligung durch Zoll) können ohne diese Wertbegrenzung eine Ursprungserklärung abgeben. **Texte der Ursprungserklärungen** *Der Ausführer (ermächtigter Ausführer; Bewilligungs-Nr. ....)* *der Waren, auf die sich dieses Handelspapier bezieht, erklärt,*	

Checklisten VI: Außenwirtschafts- und Zollrecht

Präferenznachweise	Notizen
dass diese Waren, soweit nicht anders angegeben, präferenzbegünstigte ... Ursprungswaren sind. *(Ort und Datum)* *(Unterschrift des Ausführers und Name des Unterzeichners in Druckschrift)*	
Was man sonst noch wissen sollte	
▶ Mit dem Ursprungszeugnis Form A werden Importe aus Entwicklungsländern zollbegünstigt abgewickelt, s. Checkliste 65. ▶ Präferenznachweise können durch die Zollbehörde nachgeprüft werden.	
Sonderfall Das Präferenzabkommen mit der Republik Korea/Südkorea (KR) kennt die EUR.1 nicht. Bei Lieferungen > 6.000 € nach Südkorea ist zwingend eine Bewilligung als ermächtigter Ausführer erforderlich, um Präferenznachweise ausstellen zu können.	

Weitere Hilfen

▶ IHK

▶ Zollämter

Checkliste 61: Die Lieferantenerklärung

Definition

Eine Lieferantenerklärung (LE) ist ein Nachweis über den präferenzrechtlichen Ursprung einer Ware. Damit dokumentieren Lieferanten ihren in der EU ansässigen Kunden, dass die gelieferten Produkte die Ursprungsregeln für Präferenzabkommen der EU erfüllen. Die LE wird vom Exporteur als Nachweis für die Ausstellung und Beantragung eines Präferenznachweises (Warenverkehrsbescheinigung EUR.1, EUR MED oder einer Ursprungserklärung auf der Rechnung) benötigt.

Da die Regeln für den präferenziellen Ursprung strenger sind als für den nichtpräferenziellen Ursprung, wird die LE auch als Nachweis für ein IHK-Ursprungszeugnis anerkannt.

Problemstellung

Rechtsgrundlage für die Ausstellung einer Lieferantenerklärung ist der Unionszollkodex, Art. 64 Abs. 1 UZK i. V. m. Art. 61 ff. UZK-DVO.

Es gibt Einzel-Lieferantenerklärungen und Langzeit-Lieferantenerklärungen. Einzel-Lieferantenerklärungen (LE) werden jeweils nur für eine einzelne Warenlieferung abgegeben. Langzeit-Lieferantenerklärungen (LLE) stellen einmalige Erklärungen dar, die für Lieferungen über einen längeren Zeitraum hinweg Gültigkeit haben. Sie dürfen für einen Lieferzeitraum von zwei Jahren ausgestellt werden.

Vor Ausstellung einer LE/LLE prüft der Lieferant den Präferenzursprung seiner Ware anhand der Präferenzabkommen, die er in der LE/LLE eintragen möchte. Im Regelfall werden alle Präferenzabkommen der EU aufgeführt. Die Erklärung ist damit wesentlich aufwendiger als die Ausstellung eines Präferenzpapiers beim Export. Dort wird der Ursprung nur anhand eines Abkommens geprüft.

Für die Ausstellung einer LE/LLE ist keine Bewilligung der Zollbehörden erforderlich.

Beispiel

Sie sind Händler und wollen Waren in die Schweiz liefern. Um Ihrem Kunden in der Schweiz beim Export ein Präferenzpapier ausstellen zu können, benötigen Sie eine Lieferantenerklärung von Ihrem Vorlieferanten.

Checklisten VI: Außenwirtschafts- und Zollrecht

☑ Checkliste

Die Lieferantenerklärung	Notizen
Grundsatzinformationen Die Lieferantenerklärung kann vom Hersteller ohne behördliche Mitwirkung selbst ausgestellt werden.	
Was muss ich als Hersteller einer Ware beachten? ▶ Im ersten Schritt muss der Hersteller einer Ware prüfen, ob die Voraussetzungen für die Erlangung der Ursprungseigenschaft, z. B. eine vollständige Herstellung oder eine ausreichende Be- oder Verarbeitung, erfüllt wurden. ▶ Anhand der Zolltarifnummer wird in der Datenbank www.wup.zoll.de unter „Gegenüberstellung der Verarbeitungsliste" bei Präferenzregelungen „alle Regelungen" ausgewählt. Dann finden Sie die Mindestverarbeitung für alle Präferenzabkommen. Werden diese von Ihnen erfüllt, können Sie die LE ausstellen und alle Länder eintragen. Werden die Regeln für einzelne Länder nicht erfüllt, dürfen diese nicht auf der LE eingetragen werden.	
Ausstellung einer LE/LLE ▶ Es gibt Lieferantenerklärungen als Formularvorlage mit festgelegten Texten. Ein Zwang zur Verwendung der Vordrucke besteht aber nicht. Der Text muss jedoch zwingend beibehalten werden. ▶ LE müssen im Original vom Lieferanten unterzeichnet sein. ▶ Werden LE elektronisch erstellt, kann auf eine Unterschrift verzichtet werden. **Ausstellung einer Langzeit-Lieferantenerklärung** ▶ Eine Langzeit-Lieferantenerklärung kann Anwendung finden, wenn ein Lieferant regelmäßig den Abnehmer mit einer Ware beliefert, die die Präferenzursprungseigenschaft erlangt hat. ▶ Eine Langzeit-LE hat die Gültigkeit von max. zwei Jahren, solange zu den gelieferten Waren keine Änderungen auftreten. Ändert sich der Ursprung, weil beispielsweise Einkaufspreise höher werden, ist die LLE gegenüber dem Kunden zu widerrufen. ▶ Die **nachträgliche Ausstellung** der Langzeit-Lieferantenerklärung ist nur noch max. ein Jahr rückwirkend ab Ausstellungsdatum möglich. Weiter zurückliegende Warenlie-	

Die Lieferantenerklärung	Notizen
ferungen können nur noch mit Einzel-Lieferantenerklärungen abgedeckt werden.	
▶ **Überprüfung einer LE/LLE vom Vorlieferanten** Erhaltene LE/LLE sind auf formelle Richtigkeit zu überprüfen: – korrekter Wortlaut – Ursprung EU; Mitgliedstaat der EU kann ergänzt werden, reicht allein aber nicht aus – zutreffender Länderkreis – bei einer LLE ist eine detaillierte Warenbeschreibung erforderlich – bei einer LLE auf die Gültigkeitsdauer achten: max. zwei Jahre, rückwirkend max. ein Jahr; beides in Abhängigkeit vom Ausfertigungsdatum ▶ **Inhaltliche Überprüfung einer LE/LLE** Hat eine zuständige Zollstelle beim Export Zweifel an der Richtigkeit der Ursprungsangaben in einer Lieferantenerklärung, so kann sie die Ausstellung eines Auskunftsblatts INF4 verlangen. In diesem Fall werden die Unterlagen zum Produktionsprozess, Unterlagen zu Vormaterialien des Vorlieferanten auf die Einhaltung der Ursprungsregeln zollamtlich überprüft. ▶ Auch Sie können die LE/LLE mithilfe eines Auskunftsblatts INF4 überprüfen lassen. Es ist die einzige Möglichkeit, eine LE inhaltlich zu prüfen. Ihr Lieferant beantragt die Ausstellung bei seiner Zollstelle. Diese prüft, ob Ihr Lieferant die LE/LLE zu Recht ausgestellt hat. Eine Verpflichtung, Lieferanten mittels des Auskunftsblatts INF4 zu überprüfen, gibt es jedoch nicht.	
Was muss ich als Händler beachten? ▶ Händler können nur dann eine LE ausstellen, wenn gültige Nachweise des Vorlieferanten vorliegen. ▶ Die dann neu ausgestellte LE muss den gleichen Länderkreis des Vorlagedokumentes tragen.	
Was man sonst noch wissen sollte	
▶ LE sind sechs Jahre, bei Ausstellung auf der Rechnung zehn Jahre aufzubewahren. Die Frist beginnt mit Ablauf des Jahres, in dem Sie diese erhalten haben. ▶ Für Waren, die von einem Unternehmen in der EU be- oder verarbeitet worden sind, ohne den Präferenzursprung erlangt zu haben, können LE ohne Präferenzursprung ausgestellt werden. Dann sind Informationen über	

Die Lieferantenerklärung	Notizen
die verwendeten Vormaterialien, ggf. mit Einkaufspreisen und Zolltarifnummer, anzugeben. LE ohne Ursprung werden aufgrund der geforderten Informationen in der Praxis eher selten verwendet.	
Aktuelle Informationen über die Präferenzabkommen der EU finden Sie unter **https://wup.zoll.de/wup_online/index.php**.	

Weitere Hilfen

- IHK
- Zolldienststellen
- Formularverlage

Checkliste 62: Das Carnet-A.T.A.

▶ Definition

Das Carnet A.T.A. ist ein internationales Zollpassierscheinheft für die vorübergehende Einfuhr von Waren in Länder, die an diesem Verfahren teilhaben. Es wird hauptsächlich verwendet für Messe- oder Ausstellungsgüter sowie für Berufsausrüstung, die weltweit eingesetzt werden soll.

Das Carnet A.T.A. ist eine sinnvolle Alternative zu den üblichen Zollverfahren, denn es vereinfacht und beschleunigt die Zollabfertigung bei der vorübergehenden Einfuhr von Waren. Zudem ist keine separate Sicherheitsleistung für die vorübergehenden Einfuhren erforderlich.

❓ Problemstellung

Waren, die im Ausland nur vorübergehend verbleiben sollen, können mit dem Carnet-A.T.A.-Verfahren in das jeweilige Land vorübergehend eingeführt werden. Die vorübergehende Einfuhr erfolgt abgabenfrei.

Der Versender hat sicherzustellen, dass dieselbe Ware, die eingeführt wurde, auch fristgerecht wieder ausgeführt wird. Die Zollbehörden können dies anhand eines Abgleiches der Seriennummern von Geräten oder durch den Vergleich von Fotos der Waren überprüfen. Man nennt diese Art der Sicherung „Nämlichkeitssicherung".

Carnets werden in Deutschland durch die Industrie- und Handelskammern ausgestellt und bei den Zollbehörden eröffnet.

Vorteil des Carnet-A.T.A-Verfahrens ist, dass die Sicherheitsleistung bei den Zollbehörden – anders als beim Zollverfahren der vorübergehenden Verwendung – entfällt. Die Handelskammer-Organisation bürgt gegenüber der Organisation des Einfuhrlandes und diese wiederum ihrer Zollbehörde in Höhe der auf den importierten Waren ruhenden Einfuhrabgaben. Die deutsche IHK-Organisation deckt dieses Abgabenrisiko über die Euler Hermes Deutschland AG in Hamburg ab. Die Versicherungsgebühr wird dem Unternehmen, das das Carnet nutzt, in Rechnung gestellt.

Das Carnet-A.T.A.-Verfahren kann allerdings nur mit Drittländern durchgeführt werden, die dem Carnet-A.T.A.-Abkommen beigetreten sind. Für die Ausfuhr in Länder, mit denen es kein A.T.A.-Abkommen gibt, werden die jeweiligen Zollverfahren der beteiligten Länder angewandt, beispielsweise vorübergehende Verwendung, Wiederausfuhr, Einfuhr als Rückware.

Eine Übersicht der teilnehmenden Länder ist unter http://www.zoll.de/DE/Fachthemen/Zoelle/Zollverfahren/Vorueberghende-Verwendung/Carnet-ATA/Vertragsparteien/vertragsparteien_node.html zu finden.

Grundlagen für das Carnet-A.T.A.-Verfahren sind das 1965 veröffentlichte internationale „Zollübereinkommen über das Carnet A.T.A." sowie das 1990 veröffentlichte Nachfolgeabkommen, die „Istanbuler Konvention".

Checklisten VI: Außenwirtschafts- und Zollrecht

Beispiel

Eine Maschine soll auf einer Messe in Russland ausgestellt werden und wird danach wieder zurück in das Unternehmen in Deutschland geschickt.

Checkliste

Das Carnet A.T.A.	Notizen
Vorabinformationen ▶ Ob eine Carnet-Ausstellung möglich ist, sollte rechtzeitig geprüft werden. Insbesondere ist sicherzustellen, dass die beteiligten Länder am Carnet-A.T.A.-Verfahren teilnehmen.	
Mit dem „Carnet A.T.A." wird die vorübergehende Einfuhr von Waren ins Ausland erleichtert für: ▶ Berufsausrüstung ▶ Messe- und Ausstellungsgüter ▶ Warenmuster	
Die Firma stellt nun den Vordruck aus: 1. Die Waren sind aufzuführen. Eine rechtsverbindliche Unterschrift ist anzubringen. 2. Das ausgestellte Carnet wird der IHK vorgelegt. Die IHK prüft die Angaben und bearbeitet das Carnet, d. h., es werden Ausgabe- und Gültigkeitsdatum, Seitennummerierung, Stempel, Siegel und Unterschrift im Dokument angebracht. Danach dürfen keine Änderungen mehr vorgenommen werden. 3. Mit dem Carnet wird die Ware bei der zuständigen Ausfuhrzollstelle vorgeführt. Es ist keine Ausfuhranmeldung zu erstellen, eine Prüfung hinsichtlich der Zulässigkeit der Ausfuhr ist aber dennoch vorzunehmen. 4. Die Zollstelle sichert die Nämlichkeit der Ware und eröffnet das Carnet-Verfahren. 5. Bei der Ausgangszollstelle wird das Carnet wieder vorgelegt. 6. Im Bestimmungsland (hier Russland) wird die Ware mit dem Carnet zur vorübergehenden Einfuhr angemeldet. 7. Die Maschine kann auf der Messe ausgestellt werden. 8. Nach der Messe wird die Maschine mit dem Carnet zur Wiederausfuhr angemeldet. 9. Bei Ankunft in der EU wird die Maschine mit dem Carnet als Rückware abgabenfrei zum zollrechtlich freien Verkehr abgefertigt.	

Das Carnet A.T.A.	Notizen
10. Es ist darauf zu achten, dass das Carnet zwingend bei den Zollbehörden vorgelegt und abgestempelt wird. 11. Nach Nutzung ist das Carnet an die IHK zurückzugeben.	

Praxistipp

Da die Ausstellung von Carnets oft mit Schwierigkeiten und Problemen verbunden ist, ist es ratsam, sich rechtzeitig mit der zuständigen IHK in Verbindung zu setzen.

In unserem Beispielsfall „Carnet für Russland" würden die Vorgaben des Landes sogar die Ausstellung des Carnets in russischer Sprache und zusätzlich die Angabe der Zolltarifnummer in den Carnet-Formularen beinhalten.

Nicht mehr benötigte Carnets sollten zur Entlastung schnellstmöglich an die ausstellende IHK zurückgegeben werden.

Das Carnet A.T.A.	Notizen
▶ Wenn die Gültigkeitsdauer von einem Jahr nicht ausreicht, können für einige Länder **Anschlusscarnets** ausgestellt werden. ▶ Anschlusscarnet heißt, die Ware ist noch im Ausland, es wird ein neues Carnet mit der gleichen Spezifikation des alten Carnets ausgestellt, dem Zoll zur Prüfung vorgelegt und dann ist das neue Carnet wieder ein Jahr gültig. ▶ Das Verfahren des Anschlusscarnets sprechen Sie vorab mit Ihrer zuständigen IHK ab.	
Beispiel ▶ In unserem Fallbeispiel **Carnet A.T.A. für Russland** könnte es auch passieren, dass ein Kunde die Carnet-Ware innerhalb der Gültigkeit des Carnets kaufen will, d. h., die Ware kommt nicht wieder zurück. ▶ Die Ware ist in Russland zum zollrechtlich freien Verkehr anzumelden. Dies muss im Carnet vermerkt werden. Gegebenenfalls muss ein Ursprungszeugnis dafür nachgereicht werden. ▶ Weiterhin ist eine Rechnung (steuerfrei, da Ausfuhr) zu erstellen. Es kann eine nachträgliche Ausfuhranmeldung erstellt werden, dies ist aus zollrechtlicher Sicht jedoch nicht verpflichtend, als Nachweis für das Finanzamt bezüglich der steuerfreien Ausfuhr aber ratsam. ▶ Das Carnet wird an die IHK zurückgegeben.	

Weitere Hilfen
- IHK
- Zollämter

Checkliste 63: Der Warenhandel innerhalb der Europäischen Union

▶ Definition

In der Europäischen Union haben wir einen Binnenmarkt. Das bedeutet, dass wir neben dem freien Kapitalverkehr, Dienstleistungsverkehr und der persönlichen Freizügigkeit auch einen freien Warenverkehr haben. Waren, die sich im zollrechtlich freien Verkehr befinden, können damit ohne Zollformalitäten innerhalb der EU geliefert werden.

❓ Problemstellung

Im Warenverkehr zwischen den EU-Staaten werden keine Zölle erhoben. Vorsicht ist jedoch geboten bei Lieferungen unverzollter Ware. Dafür ist ein Versandverfahren zu eröffnen. Wenn Sie über eine Bewilligung verfügen, kann der Transport auch in den besonderen Zollverfahren, wie der aktiven Veredelung, durchgeführt werden.

Bearbeitungen an unverzollter Ware sind nur erlaubt, wenn die Ware in den zollrechtlich freien Verkehr überführt wurde oder die Ware zur aktiven Veredelung angemeldet wurde. Für die Lagerung unverzollter Ware kann die Ware in einem Verwahrlager (max. 90 Tage) oder in einem Zolllager untergebracht werden.

Umsatzsteuerlich sind bei Lieferungen innerhalb der EU Besonderheiten zu beachten. Lieferungen in einen anderen EU-Mitgliedstaat sind nach § 4 Nr. 1b i. V. m. § 6a UStG unter bestimmten Voraussetzungen steuerfrei.

Der Empfänger der Ware/Rechnungsadressat muss Unternehmer sein und in einem anderen Mitgliedstaat steuerlich registriert sein. Dies weist er durch seine ausländische Umsatzsteueridentifikationsnummer nach.

Diese muss auf Gültigkeit überprüft werden. Dafür stellt das Bundeszentralamt für Steuern ein Auskunft-Modul zur Verfügung. Link zum Bundeszentralamt für Steuern: https://evatr.bff-online.de/eVatR/index_html.

Weitere Voraussetzung ist, dass die Ware in einen anderen Mitgliedstaat geliefert werden muss. Dies ist vom Unternehmen nachzuweisen. Als Nachweis dient die sogenannte Gelangensbestätigung.

§ 17a des UStDV sagt:

„Neben einem Doppel der Rechnung wird eine Gelangensbestätigung als einheitliches und einziges Nachweisdokument eingeführt. Dieser Beleg muss vom Abnehmer ausgestellt sein und folgende Angaben enthalten: Name und Anschrift des Abnehmers, Menge des Gegenstandes der Lieferung und handelsübliche Bezeichnung. Zusätzlich Fahrzeugnummer, Tag und Ort des Erhalts des Gegenstandes im EU-Ausland oder bei Selbsttransport durch den Abnehmer Tag und Ort des Endes der Beförderung im EU-Ausland, Ausstellungdatum der Bestätigung sowie die Unterschrift des Abnehmers."

Checklisten VI: Außenwirtschafts- und Zollrecht

Wenn bei der Versendung der Waren Spediteure den Transport durchführen, werden alternative Nachweise anerkannt. Dies können sein:

- CMR-Frachtbrief mit Unterschrift des Empfängers als Bestätigung des Erhalts der Lieferung
- Spediteurbescheinigung
- Versendungsprotokoll
- Spediteurversicherung

Zudem muss die Rechnung einen Hinweis auf die Steuerfreiheit wegen der innergemeinschaftlichen Lieferung enthalten.

Der Erwerber im anderen Mitgliedstaat meldet gegenüber seinem Finanzamt in der Umsatzsteuervoranmeldung einen innergemeinschaftlichen Erwerb an. So ist sichergestellt, dass die Ware dort versteuert wird, wo sie auch genutzt wird.

Bei der Lieferung von Waren, die Exportbeschränkungen unterliegen, sind Besonderheiten zu beachten. Wird Ware, die in der Ausfuhrliste (Anhang 1 Teil A zur Außenwirtschaftsverordnung) aufgeführt ist, in einen anderen Mitgliedstaat verbracht, ist eine Verbringungsgenehmigung erforderlich. Entweder ist die Nutzung einer Allgemeingenehmigung möglich, dann muss nur das Unternehmen dafür registriert werden. Andernfalls ist eine Einzelgenehmigung beim BAFA zu beantragen. Die Kommunikation mit dem BAFA erfolgt über deren Online-Portal Elan-K2. Link: https://elan1.bafa.bund.de/bafa-portal.

Auch der Warenempfänger ist hinsichtlich der Listung in einem Länderembargo oder einer Terrorismusverordnung zu überprüfen. Handelt es sich um gelistete Personen, ist die Lieferung nicht zulässig.

Beispiel

1. Eine Lieferung soll nach Österreich erfolgen.
2. Eine Ware soll aus Frankreich nach Deutschland gelangen.

☑ Checkliste

Der Warenhandel innerhalb der Europäischen Union	Notizen
Grundsatzinformationen ▶ Bei einem Warenversand in einen anderen Mitgliedstaat spricht man von der **Verbringung**. Es ist zu prüfen, ob sich die Ware im zollrechtlich freien Verkehr befindet; falls nicht, kann der Transport nur im zollrechtlichen Versandverfahren erfolgen. ▶ Exportkontrollbeschränkungen sind zu prüfen. Ist die Lieferung genehmigungspflichtig, muss eine Genehmigung beim BAFA eingeholt werden. ▶ **Umsatzsteuer** Die Voraussetzungen für eine steuerfreie innergemeinschaftliche Lieferung sind zu prüfen: – Der Abnehmer muss Unternehmer sein. – Nachweis über USt-IdNr. – Überprüfung dieser auf Gültigkeit – ausländische USt-IdNr. erforderlich – Die Ware muss in einen anderen Mitgliedstaat gelangen und dies muss nachgewiesen werden. – Nachweis: Gelangensbestätigung oder Alternativnachweis – In der Rechnung ist ein Hinweis auf die Steuerfreiheit aufzunehmen: *„steuerfrei nach § 4 Nr. 1b UStG"*. Die eigene USt-IdNr. und die des Kunden sind anzugeben.	
▶ Neben der Umsatzsteuervoranmeldung an das zuständige Finanzamt muss der Lieferer für jedes abgelaufene Kalendervierteljahr eine „Zusammenfassende Meldung" an das Bundesamt für Finanzen abgeben. ▶ Für Lieferungen an Privatkunden sowie im Versandhandel gelten Sondervorschriften.	
Lieferungen aus Mitgliedstaaten ▶ Der Lieferant z. B. aus Frankreich darf die Lieferung nur umsatzsteuerfrei versenden, wenn die Voraussetzungen für die innergemeinschaftliche Lieferung erfüllt sind. ▶ Die beiden Umsatzsteueridentifikationsnummern führt der Franzose in seiner Rechnung an, mit dem Hinweis, dass es sich um eine steuerfreie Lieferung handelt. ▶ In Deutschland muss der deutsche Erwerber gegenüber dem Finanzamt den innergemeinschaftlichen Erwerb versteuern. Dies erfolgt durch Angabe in der Umsatzsteuervoranmeldung.	

Checklisten VI: Außenwirtschafts- und Zollrecht

Weitere Hilfen
- IHK
- BAFA
- Bundeszentralamt für Steuern

Checkliste 64: Der Warenverkehr mit Drittländern – Einfuhr

Definition

Unter dem Begriff **Einfuhr (auch Import)** versteht man das **Verbringen von Waren** in das Zollgebiet der Union.

Problemstellung

Nach dem deutschen Außenwirtschaftsgesetz ist der Warenverkehr mit dem Ausland grundsätzlich frei. Von diesem Grundsatz gibt es Ausnahmen. Bei bestimmten Produkten bestehen Einfuhrbeschränkungen, beispielsweise in Form von Einfuhrlizenzen, -genehmigungen oder Überwachungsdokumenten.

Das Zollverfahren beim Import, zu dem Nichtunionswaren angemeldet werden, damit die zollamtliche Überwachung endet, ist die Überführung in den zollrechtlich freien Verkehr. Zollrechtlich führt die Überführung in den freien Verkehr zu einem Statuswechsel: Nichtunionswaren werden Unionswaren.

Bevor die Ware zu einem Zollverfahren angemeldet werden kann, sind für jede Lieferung folgende Formalitäten zu erfüllen:

- Für jede Ware ist vor dem Import eine summarische Eingangsanmeldung abzugeben. Diese wird einer Sicherheitsrisikoanalyse unterzogen. Wird die Ware im See- oder Luftverkehr in die EU geliefert, ist für das Beförderungsmittel zusätzlich eine Ankunftsmeldung abzugeben. Verantwortlich dafür ist der Betreiber des Beförderungsmittels.
- Danach ist die Ware unverzüglich bei der nächsten Zollstelle zu gestellen. Dies wird dem Zollamt mit der summarischen Anmeldung zur vorübergehenden Verwahrung mitgeteilt. Danach befindet sich die Ware in der vorübergehenden Verwahrung. Dort darf sie bis zu 90 Tage verbleiben.
- Bis zum Fristablauf ist für die Ware ein neues Zollverfahren zu wählen oder die Ware ist wiederauszuführen. Die Wahl des Zollverfahrens steht dem Importeur frei, solange keine Verbote oder Beschränkungen bestehen. Soll die Ware in der EU verbleiben, ist dies die Überführung in den zollrechtlich freien Verkehr.

Alternativ kann auch ein besonderes Zollverfahren gewählt werden. Soll die Ware erst später verkauft werden, bietet sich das Zolllagerverfahren an. Soll eine Ware bearbeitet werden und anschließend in ein Drittland verkauft werden, bietet sich die aktive Veredelung an. Beide Verfahren bedürfen vorab einer Bewilligung durch die Zollbehörden.

Beispiel

Ein deutsches Unternehmen möchte Regenschirme einführen. Das Unternehmen möchte sich vor der Lieferung über die Höhe der Einfuhrabgaben und mögliche handelspolitische Maßnahmen beim Import informieren.

Checklisten VI: Außenwirtschafts- und Zollrecht

Mit folgenden Fragen muss sich das Unternehmen auseinandersetzen:

1. Gibt es Einfuhrbeschränkungen oder -verbote? Wenn ja, für welche Waren und Ursprungsländer? Welche Papiere werden benötigt?
2. Wie hoch sind die Einfuhrabgaben? Gibt es Möglichkeiten der Vergünstigung?
3. Wie erfolgt die Zollabwicklung?

✓ Checkliste

Der Warenverkehr mit Drittländern – Einfuhr	Notizen
Grundsatzinformationen Soll Ware zum zollrechtlich freien Verkehr angemeldet werden, sind folgende Schritte zu beachten: ▶ Alle Informationen zum Import (Zollsatz, Vergünstigungen, Unterlagen) werden hinter der Zolltarifnummer codiert. Daher ist zuerst die Zolltarifnummer zu bestimmen. ▶ Dann können die Maßnahmen im elektronischen Zolltarif (EZT) in der Einfuhranwendung recherchiert werden. Der EZT ist im Internet unter http://auskunft.ezt-online.de/ezto zu finden.	
Schritte in unserem praktischen Beispiel Die Firma hat nun Recherchen im EZT vorgenommen und will **zwei Lieferländer** gegenüberstellen. Folgende Möglichkeiten sollen geprüft werden: 1. Regenschirme = Warennummer 6601 9990 00 0 **aus Indonesien** Hier sind 19 % Einfuhrumsatzsteuer zu zahlen, der Drittlandzollsatz beträgt 4,7 %, der Präferenzzollsatz beträgt 1,2 %. 2. Regenschirme = Warennummer 6601 9990 00 0 **aus der Schweiz** Hier sind 19 % Einfuhrumsatzsteuer zu zahlen, der Drittlandzollsatz beträgt auch wieder 4,7 %, der Präferenzzollsatz ist allerdings „frei". **Die Recherchen der beiden Länder zeigen, dass der Drittlandszollsatz 4,7 % und die Einfuhrumsatzsteuer 19 % beträgt.** 1. **Indonesien** = hier **Präferenzzollsatz 1,2 %**. Voraussetzung für die Vergünstigung ist die Vorlage eines Präferenznachweises, hier das Ursprungszeugnis Form A oder die Ursprungserklärung eines registrierten Ausführers. 2. **Schweiz** = hier **Präferenzzollsatz „frei"**, wenn die Waren mit Präferenznachweis importiert werden. Hier ist die Warenverkehrsbescheinigung EUR.1 oder EUR MED oder	

Der Warenverkehr mit Drittländern – Einfuhr	Notizen
die vereinfachte Ursprungserklärung auf der Rechnung erforderlich. Das heißt, das deutsche Unternehmen muss sich vom ausländischen Kunden das zutreffende Präferenzpapier ausstellen lassen, damit die Sendung zollfrei oder zollbegünstigt eingeführt werden kann. Dieses kann vom Lieferanten nur ausgestellt werden, wenn es sich bei den eingekauften Waren um präferenzielle Ursprungswaren handelt. Um den vergünstigten Präferenzzollsatz beim Import zu bekommen, ist bei der Sendung aus der Schweiz ein Direktbeförderungsnachweis, in Form eines Frachtpapiers, erforderlich und in der Zollanmeldung anzumelden. Weitere Unterlagen, Einfuhrgenehmigungen oder Zertifikate sind beim Import von Regenschirmen in die EU nicht erforderlich. **Ergebnis:** Beim Import der Regenschirme aus der Schweiz wäre die Sendung zollfrei, wenn der Lieferant ein Präferenzpapier ausstellen kann. Bei der Lieferung aus Indonesien fallen trotz Präferenzpapier noch Zollabgaben an. Somit kann der Einführer abhängig von den jeweiligen Verkaufspreisen kalkulieren, welcher Lieferant günstiger ist.	
▶ Wenn Drittlandsware in die Europäische Union eingeführt wird, muss die Ware zum zollrechtlich freien Verkehr angemeldet werden. Dies geschieht mit einer Zollanmeldung. Diese wird grundsätzlich elektronisch mittels des ATLAS-Verfahrens der Zollverwaltung übermittelt. Hilfestellung beim Erstellen der Zollanmeldung bietet das „Merkblatt zu Zollanmeldungen, summarischen Anmeldungen und Wiederausfuhrmitteilungen", das unter www.zoll.de > Formulare und Merkblätter zur Verfügung gestellt wird.	
▶ Bei zollpflichtigen Sendungen mit einem Wert > 20.000 € ist auch eine **Zollwertanmeldung** abzugeben. Dabei handelt es sich um einen Teil der Einfuhrzollanmeldung. ▶ Sie dient der Ermittlung des Zollwertes der Waren, die in den zollrechtlich freien Verkehr überführt werden sollen. ▶ Mit dem Zollwert wird die Höhe der anfallenden Zollabgaben ermittelt.	

Checklisten VI: Außenwirtschafts- und Zollrecht

Der Warenverkehr mit Drittländern – Einfuhr	Notizen
▶ **Beschränkungen oder Verbote bestehen beim Import dieser Ware (Regenschirme) nicht.** Für die Erteilung einer **Einfuhrgenehmigung** für Waren der gewerblichen Wirtschaft ist Kontakt mit dem Bundesamt für Wirtschaft und Ausfuhrkontrolle (BAFA), für landwirtschaftliche Erzeugnisse mit der Bundesanstalt für Landwirtschaft und Ernährung (BLE) aufzunehmen. Dies ist bei Hinweisen im EZT auf eine Genehmigungspflicht erforderlich. Aktuell bestehen beispielsweise Genehmigungspflichten beim Import von Textilien aus Nordkorea oder Weißrussland.	
Was man sonst noch wissen sollte ▶ Wirtschaftsbeteiligte benötigen zur Identifizierung bei allen elektronischen Zollmeldungen eine **EORI-Nummer**. Die Beantragung erfolgt beim Informations- und Wissensmanagement Zoll in Dresden, E-Mail: info.eori@zoll.de. ▶ Bei Unsicherheiten bezüglich der richtigen Zolltarifnummer kann eine verbindliche Zolltarifauskunft beim HZA Hannover beantragt werden. Dafür ist das Formular 0307 (zu finden auf www.zoll.de > Formulare und Merkblätter) auszufüllen.	

Weitere Hilfen

▶ Zollstellen

▶ Bundesamt für Wirtschaft und Ausfuhrkontrolle (BAFA)

▶ Bundesanstalt für Landwirtschaft und Ernährung (BLE)

Checkliste 65: Ursprungszeugnis Form A/REX

▶ Definition

Das Ursprungszeugnis Form A ist ein Präferenzpapier, das beim Import in die EU aus den Ländern des Allgemeinen Präferenzsystems (APS) zu einem vergünstigten Zollsatz führt.

Das APS ist eine einseitige Maßnahme der EU zur Erleichterung des Warenzugangs aus Entwicklungsländern. Bei der Einfuhr festgelegter Warengruppen in die Europäische Union gelten Zollbegünstigungen. Zollbegünstigungen bestehen entweder in Zollfreiheit oder in der Gewährung eines niedrigeren Zollsatzes. Zum APS gehören aktuell um die 80 Länder. Den Länderkreis finden Sie unter https://wup.zoll.de, wenn Sie in der Suchmaske den Ländernamen „APS" eingeben.

Neben dem UZ Form A wird seit 1.1.2017 auch im APS die Ursprungserklärung auf der Rechnung eingeführt. Diese darf von sogenannten registrierten Ausführern (REX) ausgestellt werden.

❓ Problemstellung

Das UZ Form A wird vom Exporteur im Entwicklungsland ausgefüllt und durch die Zollbehörde ausgestellt. Die Ursprungserklärung auf der Rechnung (UE) darf von registrierten Ausführern selbstständig ausgestellt werden.

Werden die Ursprungsregeln eingehalten, kann ein Nachweis ausgestellt werden. Eine Ware gilt dann als Ursprungsware, wenn sie vollständig in dem angegebenen Entwicklungsland erzeugt worden oder in dem Entwicklungsland unter Angabe und Verwendung verschiedener Vormaterialien ausreichend be- oder verarbeitet worden ist.

⚙ Beispiel

Eine Ware wird aus Indien in die EU geliefert und Ihre Recherche hat ergeben, dass die Warennummer einem vergünstigten Präferenzzollsatz unterliegt, d. h., die Ware kann mit UZ Form A eingeführt werden. Damit sparen Sie Zollabgaben.

Checklisten VI: Außenwirtschafts- und Zollrecht

✓ Checkliste

Ursprungszeugnis Form A/REX	Notizen
Grundsatzinformationen Vor der Einfuhr aus den APS-Ländern können Sie in der Einfuhranwendung des EZT-Zolltarifs http://auskunft.ezt-online.de/ezto recherchieren, ob beim Import ein vergünstigter Zollsatz gewährt wird. Um diesen in Anspruch nehmen zu können, benötigen Sie von Ihrem Lieferanten ein UZ Form A oder eine UE.	
▶ In der Zollanmeldung ist im Feld Präferenz die Codierung „200" einzutragen. ▶ Präferenzen werden gewährt, wenn bei der Einfuhr das Form A oder die Ursprungserklärung eines REX vorliegt und in der Zollanmeldung als Unterlage angegeben wird. ▶ Bei Zweifeln an der Richtigkeit des UZ Form A/der UE hat die Zollstelle die Möglichkeit der Überprüfung.	
Was man sonst noch wissen sollte	
▶ Das UZ Form A/die UE ist bis zu zehn Monate ab Ausstellung gültig.	

Weitere Hilfen

- ▶ IHK
- ▶ Zolldienststellen
- ▶ Links:
    - www.zoll.de
    - www.wup.zoll.de/wup_online/index.php
    - www.ausfuhrkontrolle.info
    - „Merkblatt zu Zollanmeldungen, summarischen Anmeldungen und Wiederausfuhrmitteilungen" unter www.einfuhr.internetzollanmeldung.de
    - www.aist-ev.de
    - www.finanz-sanktionsliste.de

Checkliste 66: Exportförderprogramme

Definition

Mit dem Ziel, insbesondere mittelständische Unternehmen bei der Anbahnung, beim Aufbau und bei der Abwicklung von Auslandsgeschäften zu unterstützen, wurden seitens der Länder, des Bundes und der EU verschiedene Förderprogramme geschaffen.

Problemstellung

Die Kosten und die Risiken, die mit dem Aufbau von Auslandsgeschäften verbunden sind, sind beträchtlich und können in der Anfangsphase vom Unternehmer kaum abgeschätzt werden.

Die Förderprogramme wurden geschaffen, um speziell in der Anfangsphase des Exportgeschäftes diese Kosten und Risiken mithilfe öffentlicher Unterstützung zu verringern. Ziel hierbei ist es, dem Unternehmen zu helfen, die Chancen eines Auslandsengagements zu nutzen und damit die Abhängigkeit vom heimischen Markt zu reduzieren.

Beispiel

Ein innovatives Unternehmen aus der Hightechbranche möchte sein Produktprogramm Automobilzulieferern in den USA anbieten.

Es beauftragt einen Berater, geeignete Firmen in den USA zu akquirieren. Der Berater empfiehlt, zur Deckung der anfallenden Akquisitionskosten das Außenwirtschaftsberatungsprogramm des betreffenden Bundeslandes in Anspruch zu nehmen. Auf diese Weise können die Kosten für die Akquisition des geeigneten Vertriebspartners in den USA um 50 % reduziert werden.

Checkliste

Prüfen Sie, welche Exportförderprogramme für Ihr Auslandsgeschäft genutzt werden können:

Exportförderprogramme		Notizen
Exportberatungsprogramme	Diese werden von nahezu allen deutschen Bundesländern angeboten. Es werden Kosten, die mit der Inanspruchnahme von Exportberatern oder von Auslandshandelskammern anfallen, bezuschusst. Nähere Informationen hierzu erteilt in aller Regel die IHK.	

Checklisten VI: Außenwirtschafts- und Zollrecht

Exportförderprogramme		Notizen
Messeförderungsprogramme	Die Beteiligung an Auslandsmessen stellt eines der wichtigsten Instrumente für die Geschäftsanbahnung in ausländischen Märkten dar. Aus diesem Grunde wurden seitens der Bundesländer, des Bundes und der EU Förderungsinstrumente geschaffen, um insbesondere mittelständischen Unternehmen die Teilnahme an bedeutenden Auslandsmessen zu ermöglichen. Nähere Informationen hierzu erteilt in aller Regel die IHK.	
Staatliche Risikoabsicherung	Die Ausfuhrförderung ist eines der wirtschaftlichen Ziele unseres Staates. Die Erschließung und langfristige Sicherung von Exportmärkten ist jedoch nur dann möglich, wenn auch in den Zeiten die Geschäftsbeziehungen zu ausländischen Abnehmern aufrechterhalten bleiben, in denen diese Länder einem erhöhten politischen Risiko ausgesetzt sind. Da derartige politische Risiken üblicherweise die Risikobereitschaft der Exporteure überfordern und es den privatwirtschaftlichen Versicherungsträgern unmöglich ist, derartige Risiken zu versichern, greift hier der Staat unterstützend ein. Mit der staatlichen Exportkreditversicherung steht in der Bundesrepublik Deutschland ein umfangreiches Kreditversicherungssystem zur Verfügung, welches es den Exporteuren ermöglicht, auch in politisch instabilen Ländern Geschäftskontakte aufrechtzuerhalten. ▶ Deckung kann übernommen werden für Geschäfte deutscher Exporteure mit ausländischen – privaten Bestellern (Garantien) oder	

Exportförderprogramme		Notizen
	– öffentlichen Bestellern (Bürgschaften). ▶ Gegenstand der Deckung sind folgende Risiken, soweit sie durch das Ausland bedingt sind: – Fabrikationsrisiko (das Risiko vor Versendung der Ware) – Ausfuhrrisiko (das Risiko nach Versendung der Ware)	
	▶ Nähere Informationen hierzu erteilt die Euler Hermes Deutschland.[27]	
Exportförderung durch Finanzierungshilfen/ Exportkredite	Speziell beim Export von Investitionsgütern muss der Exporteur häufig Zahlungsbedingungen akzeptieren, bei denen er zunächst nur geringe An- und Zwischenzahlungen erhält, einen Teil des Restbetrages erst bei Lieferung bzw. Inbetriebnahme erhält und der verbleibende Betrag dann in mehreren Jahresraten fällig wird. Die Finanzierungsmöglichkeiten der mittel- und langfristigen Exportfinanzierung lassen sich folgenden Grundformen zuordnen: ▶ **Lieferantenkredit:** Der Exporteur räumt dem ausländischen Abnehmer einen Kredit ein und refinanziert sich bei einem Finanzierungsinstitut. ▶ **Bestellerkredit:** Hierbei beauftragt der deutsche Exporteur das deutsche Finanzierungsinstitut, dem ausländischen Abnehmer einen Kredit einzuräumen, während der Exporteur seine Forderungen bar erhält.	

---

[27] Die Internetadresse finden Sie im Anhang.

Checklisten VI: Außenwirtschafts- und Zollrecht

Exportförderprogramme		Notizen
	▶ **Forfaitierung:** Der Exporteur verkauft seine Forderung aus dem Exportgeschäft an eine Bank.	

Praxistipp

Für mittel- und langfristige Exportfinanzierungen können Exporteure sowohl Kreditlinien der AKA Ausfuhr-Gesellschaft mbH, der Kreditanstalt für Wiederaufbau (KfW) als auch eigene Kreditlinien der Geschäftsbank in Anspruch nehmen.

Exportförderprogramme		Notizen
EU-Förderprogramme	Auch seitens der EU werden mittelständischen Unternehmen unterschiedliche Programme angeboten zur Förderung des Aufbaus von Exporten bzw. Geschäftskontakten mit Geschäftspartnern in Ländern außerhalb der EU.	

Weitere Hilfen

▶ zuständige Industrie- und Handelskammer

▶ Ihre Hausbank

Anhang

Top-Internetadressen für das Auslandsgeschäft

Stichwortverzeichnis

Top-Internetadressen für das Auslandsgeschäft[1]

1 Directories

www.kompass.com
Auf „Kompass Verzeichnis" oder „Branchenübersicht" klicken: Firmen- und Produktsuche in 70 Ländern mit einer exzellenten Branchen-/Produktdifferenzierung, sehr gut nutzbar auch im Dienstleistungsbereich (Handel & Vertrieb, Transport & Lagerung, Business Services, technische Dienstleistungen & FuE etc.).

www.europages.de
Tipp: Auf „Thematische Suche" klicken! Schnell eröffnet sich dann eine detaillierte Produkt- und Firmensuche in 35 vorwiegend europäischen Ländern mit z. T. regionaler innerstaatlicher Aufgliederung als Besonderheit.

europaservice.dsgv.de/eurokontakte
Monatlich aktualisierte Datenbank mit Geschäftsgesuchen aus europäischen Ländern.

2 Fördermittel

www.foerderdatenbank.de
Die umfassendste frei zugängliche Fördermitteldatenbank, bereitgestellt vom Bundeswirtschaftsministerium. Für die Fördermittelsuche bei internationalen Vorhaben unter der Rubrik „Schnellsuche" die Fördergeber definieren (Bund, Länder und EU sind möglich) und dann den Förderbereich „Außenwirtschaft" auswählen.

europaservice.dsgv.de
Auf „EU-Förderprogramme" klicken und man erhält eine ausgezeichnete Übersicht entsprechender Fördermöglichkeiten inkl. Fristen.

3 Europäische Union und Binnenmarkt

http://europa.eu/index_de.htm
Zentrale Seite der EU für Unternehmer und Bürger.

www.een-deutschland.de
Enterprise Europe Network (EEN): Das 2008 gegründete neue europäische Netzwerk für kleine und mittlere Unternehmen bietet in allen europäischen Ländern kostenfreie Infos und Grundberatung zu Binnenmarktgeschäften und Technologietransfer.

4 Länder und Märkte

www.aussenwirtschaft-bayern.de
Das „Außenwirtschaftsportal Bayern" ist eine „Best of"-Sammlung von Exportinformationen für Exporteinsteiger und Exportprofis. Geboten werden umfassende Leitfäden zur Markterschließung (auch für Dienstleister!), strukturierte und aktuelle Länderinformationen mit einzigartigen Exportberichten und viele Merkblätter zur praktischen Ex- und Importabwicklung.

---

[1] Zum Teil entnommen aus Brenner, Hatto (Hrsg.): Export Plus. Praxisinformationen für Export- und Zollverantwortliche im Unternehmen, Beitrag BV 1.3 Die besten Internetadressen für das Auslandsgeschäft.

Anhang

http://gtai.de
Die Homepage der Bundesagentur für Außenwirtschaft. Ein Grundangebot aus den Datenbanken „Länder und Märkte", „Recht" sowie der Publikationsdatenbank kann kostenfrei abgerufen werden.

www.ahk.de
Zugriff auf die Anschriften der deutschen Auslandshandelskammern in aller Welt. Neu ist nun auch die direkte Verbindung zu den Länder- und Reiseinformationen des Auswärtigen Amtes sowie zu kompakten Wirtschaftsdaten der bfai. Hoher Nutzwert!

europaservice.dsgv.de
Auf „Länderinfos" klicken: sehr aktuell gehaltene Infos und Links zu europäischen Ländern, v. a. über Investitionsbedingungen.

globaledge.msu.edu
Erlaubt den Zugriff auf die „Country Commercial Guides" – ein Jumbo-Länderpaket der US-Außenhandelsförderung für US-Firmen. Schnellster Weg: „Gobal Insights" (horizontale Leiste) >> „Insides by Country" >> Land auswählen.

https://www.cia.gov/library/publications/the-world-factbook/index.html
Das „World Factbook" – eine Fundgrube übersichtlicher Länderinformationen der CIA.

www.coface.de/Economic-studies
Unter der Rubrik „Country Risk Assessment" grundlegende Kurzinformationen, insbesondere hilfreich bei Risk Assessment.

www.fita.org/tradehub.html
Nützlich sind „Country Profiles" und „Tools of Trade".

www.iccwbo.org
ICC – International Chamber of Commerce

www.rgre.de
Klick auf „Partner: Partnerschaftsarbeit, Zur Datenbank": Man erhält eine Übersicht der deutschen Städtepartnerschaften – oft eine wichtige Hilfe, um über Kontakt zu Bürgermeistern im Ausland Geschäftsmöglichkeiten herzustellen.

www.agaportal.de/pages/aga/deckungspolitik/laenderklassifizierung.html
Ein Klassiker für alle Exporteure: Dieser Link liefert die „Länderklassifizierung" für die Ausfuhrgewährleistungen (auch als genereller Länder-Risikoindex nutzbar).

www.transparency.de
Verschiedene Korruptionsindizes nach Ländern werden veröffentlicht wie v. a. CPI und BPI. Der jährlich erscheinende Corruption Perceptions Index (CPI) listet Länder nach dem Grad auf, in dem dort Korruption bei Amtsträgern und Politikern wahrgenommen wird. Der Bribe Payers Index (BPI) listet die führenden Exportstaaten hinsichtlich der Bereitschaft ihrer Unternehmen, im Ausland Bestechungsgelder an ranghohe Amtsträger in zentralen Schwellenländern zu zahlen, auf.

www.wetter.com
Wetter weltweit – praktisch bei Geschäftsreisen. In der Suchmaske in unterer horizontaler Leiste Zielland sowie entsprechende Stadt auswählen.

5 Messen

www.auma.de
Termine/Daten für alle Messen national und weltweit.

www.expodatabase.de
Informationen über Messen, Messeveranstalter, Messegelände etc.

europaservice.dsgv.de/treffen
Kooperationsbörsen und Unternehmertreffen weltweit.

6 Recht

www.gettingthedealthrough.com
Beantwortet Fragen zum internationalen Recht und Richtlinien wie z. B. *Trademarks*, Patente, Insolvenzrecht.

www.loc.gov/law/guide/nations.html
Zahlreiche Links zu Rechtsinfos für Länder weltweit unter der horizontalen Rubrik „Nations".

www.findlaw.com/12international/countries/index.html
Wirtschaftsrechtliche Linksammlung in Ergänzung zur vorherigen Internetadresse.

www.jura.uni-saarland.de
Juristisches Internetprojekt Saarbrücken. Eine Adresse zum Thema internationales Recht aus Deutschland.

http://eur-lex.europa.eu/de/index.htm
Freier Zugang zu allen EU-Rechtstexten!

7 Statistik

http://data.worldbank.org
Volkswirtschaftliche Datensammlung vom Feinsten! Hervorragende internationale Vergleichsmöglichkeiten sind optimal für Analysezwecke.

www.imf.org/external/country/index.htm
Ausführliche volkswirtschaftliche Länderinformationen des Internationalen Währungsfonds (IWF).

www.oecd.org
Vielzahl von aktuellen statistischen Daten über die OECD-Mitglieder (Industrieländer) unter „Data" (horizontale Leiste).

http://ec.europa.eu/index_de.htm
Fülle von volkswirtschaftlichen statistischen Informationen über die EU.

Anhang

www.wto.org
Auf der Homepage wählt man auf der horizontalen Leiste die Rubrik „Documents, data and resources" an. Darunter verbergen sich u. a. die informationsreichen Felder „Statistics" und „Economic research" mit substanziellen Informationen zum globalen Handel.

www.intracen.org
Ausführliche Handelsanalysen der Länder weltweit. Über die obere horizontale Leiste „Countries/Territories" kann ein Land oder eine Region ausgewählt werden.

www.destatis.de/jetspeed/portal/cms
Der Publikationsservice des Statistischen Bundesamtes bietet viele kostenfreie, aktuelle deutsche Außenhandelsdaten. Unter „Zahlen & Fakten" u. a. Statistiken zu „Internationales" oder „Außenhandel".

8 Zoll und Finanzen

8.1 Zoll

www.zoll.de
Die zentrale Zoll-Seite in Deutschland.

http://madb.europa.eu/madb/indexPubli.htm
Die Datenbank der EU informiert exportierende Unternehmen über Zölle und nichttarifäre Handelsbeschränkungen in Drittländer.

www.bafa.de
Das Bundesamt für Wirtschaft und Ausfuhrkontrolle gibt hier die wichtigsten Informationen zur Ausfuhrkontrolle und Wissenswertes über die Einfuhr bekannt.

www.un.org/sc/committees/1267/aq_sanctions_list.shtml
UN-Antiterrorismus-Informationen.

8.2 Finanzen

https://www.akabank.de
AKA-Ausfuhrkreditgesellschaft mbH (Frankfurt am Main)

www.eulerhermes.de
Euler Hermes Deutschland Niederlassung der Euler Hermes SA (Hamburg)

https://www.kfw.de/kfw.de.html
KfW – Kreditanstalt für Wiederaufbau (Frankfurt am Main)

9 Fachverbände und Ländervereine

9.1 Fachverbände

www.bdex.de
BDEx – Bundesverband des Deutschen Exporthandels e.V. – Verband für Internationalen Handel (Berlin)

www.bdi.eu
BDI – Bundesverband des Deutschen Industrie e.V. (Berlin)

Top-Internetadressen für das Auslandsgeschäft

www.bga.de
BGA – Bundesverband Großhandel, Außenhandel, Dienstleistungen (BGA) e.V. (Berlin)

https://www.bve-online.de
BVE – Bundesvereinigung der Deutschen Ernährungsindustrie e.V. (Berlin)

https://www.bvmw.de
BMWV – Bundesverband mittelständische Wirtschaft e.V. (Berlin)

https://www.cdh.de
CDH – Centralvereinigung Deutscher Wirtschaftsverbände für Handelsvermittlung und Vertrieb (CDH) e.V. (Berlin)

https://www.dihk.de
DIHK – Deutscher Industrie- und Handelskammertag e.V. (Berlin)

www.dwv-online.de
dwv – Deutschen Weinbauverband e.V. (Bonn)

www.einzelhandel.de
HDE –Handelsverband Deutschland (Berlin)

www.hdh-ev.de, www.holzindustrie.de
HDH – Hauptverband der Deutschen Holzindustrie und Kunststoffe verarbeitenden Industrie und verwandter Industrie- und Wirtschaftszweige e.V. (Bad Honnef)

www.textil-mode.de
textil+mode – Gesamtverband der deutschen Textil- und Modeindustrie e.V. (Berlin)

http://spectaris.de
Spectaris – Verband der Hightech-Industrie (Berlin)

https://www.vci.de
VCI – Verband der Chemischen Industrie e.V. (Frankfurt am Main)

www.vdma.org
VDMA – Verband Deutscher Maschinen- und Anlagenbau e.V. (Frankfurt am Main)

www.vdw.de
VDW – Verein Deutscher Werkzeugmaschinenfabriken e.V. (Frankfurt am Main)

www.v-m-u.de
VMU – Verband Mittelständischer Unternehmen in Deutschland e.V. (Berlin)

https://www.zdh.de
ZDH – Zentralverband des Deutschen Handwerks e.V. (Berlin)

www.zvei.org
ZVEI – Zentralverband Elektrotechnik- und Elektronikindustrie e.V. (Frankfurt am Main)

Anhang

9.2 Ländervereine

www.afrikaverein.de
Afrika-Verein der Deutschen Wirtschaft e.V. (Hamburg)

www.topicos.de
Deutsch-Brasilianische Gesellschaft e.V. (Bonn, Berlin)

www.dig-ev.de
Deutsch-Indische Gesellschaft e.V. (Stuttgart)

www.lateinamerikaverein.de
LAV – Lateinamerika Verein e.V. (Hamburg)

www.numov.de
Nah- und Mittelost-Verein e.V. (Berlin)

www.oav.de
OAV – German Asia-Pacific Business Association (Hamburg)

www.osteuropaverein.org
Osteuropaverein der deutschen Wirtschaft e.V. (Berlin, Hamburg)

10 Sonstiges

www.ixpos.de
Außenwirtschaftsportal mit vielen Links (institutionenorientiert).

www.bzst.bund.de
Sehr gute Informationen zur Umsatzsteuer (EU/Drittländer) und Doppelbesteuerung (in der Rubrik „Steuern international" unter „Abzugsteuerentlastung") zu finden. Mit der Option zum Download aller bilateralen Doppelbesteuerungsabkommen der Bundesrepublik Deutschland.

www.incoterms.org
Die „The Incoterms® rules" zum Downloaden zeigt eine gute Übersicht der INCOTERMS 2010.

dict.leo.org
Sehr schnelles und leicht zu bedienendes Wörterbuch Deutsch-Englisch/Englisch-Deutsch.

www.dict.cc
Weiteres Wörterbuch Deutsch-Englisch/Englisch-Deutsch mit Links zu verschiedenen weiteren Sprachen.

www.quazell.com/tutorials.htm
Eine Fülle von Infos für den Exporteur, u. a. Formulierungshilfen für englischsprachige Geschäftsbriefe unter der Rubrik „menu" und der Unterrubrik „Business Letters".

Stichwortverzeichnis

A

AHKs 38
AKA Ausfuhr-Gesellschaft mbH 220
Akkreditiv; s. Dokumentenakkreditiv
Akkreditivbedingungen 119, 140
Akkreditivdokument 143
Akkreditivübertragung 142
Alleinstellungsmerkmal (USP) 29
allgemeine und besondere Geschäftsbedingungen 82
Anschlusscarnet 205
Anzahlung 133
Anzahlungsgarantie 156
Ausfuhr 178
Ausfuhrabgaben 125
Ausfuhrdokumente 125
Ausfuhrerstattung 125
Ausfuhrgenehmigung 85, 119
Ausfuhrverfahren 185
ausländischer Vertriebspartner
– Zusammenarbeit 68
Auslandsgesellschaft 55, 57
Auslandsmesse 69
– Kataloganalyse 70
– Messeteilnahme mit Stand 72
– Messeteilnahme ohne Stand 71
– Nutzen 69
Auslandsvertreter 60
– Schulung 64
Avalgarantie 152
Avalprovision 153

B

bankavalierter Wechsel 135
Bankbürgschaft 81
Bankgarantie 130, 143
Bankscheckzahlung 134
bestätigtes Akkreditiv 139
Bietungsgarantie 155
Bildungsniveau 44
Bonitätsprüfung 76, 148
Bonitätsrisiko 139

C

Carnet-A.T.A-Verfahren 203
Carnet-TIR-Verfahren 182
cash against documents – CAD 144
CFR, Kosten und Fracht 164
Chefsache 14
CIF, Kosten, Versicherung und Fracht 164
CIP, frachtfrei versichert 164
CISG 98
CMR-Frachtbrief 176
CMR-Übereinkommen 176
CPT, frachtfrei 165

D

DAP, geliefert benannter Ort 165
DAT, geliefert Terminal 165
DDP, geliefert verzollt 165
Deutsches Institut für Schiedsgerichtsbarkeit e.V 93
direkter Export 54
– Vorteile und Nachteile 55 f.
Distributor; s. Wiederverkäufer
documents against acceptance – DAP 144
Dokumente gegen Akzept 135
Dokumente gegen Sicht 130
Dokumente gegen Zahlung 135
Dokumentenakkreditiv 131, 136, 139, 167
– Absicherungsinstrument 140
– Akkreditivbetrag 141
– Beglaubigungen 142

Stichwortverzeichnis

– Gültigkeitsdauer 141
– Kombination mit INCOTERMS 167
– Übertragung 142
– Vorlagefrist 142
– Warenprüfung 142
– Zahlstelle 141
Dokumenteninkasso 144
– Zahlungsziele 145

E

Eigentumsvorbehalt 88
– Zahlungsunfähigkeit 88
Einfuhr 211
Einfuhrdokumente 125
Einfuhrzollabfertigung 125
Einheitliche Richtlinien für Inkassi 144
Einzel-Lieferantenerklärung (LE) 199
Entschädigungsanspruch 107
EORI-Nummer 214
ERA 600 139
EuGVVO 91
EU-Kartellrecht 109
Exklusivverträge 103
Export 178
Exportangebot 81
Exportauftrag 118
Exportberatungsprogramme 217
Exportdokumente 144
Exportförderprogramme 217, 220
Exportkalkulation 86
– Landtransport 125
– Seetransport 126
Exportkooperation 56
Exportkredite 219
Exportkreditversicherung 73, 131, 143
Export-Marketing 47
Exportpreis 123
Exportseminare 25
Exportversicherung 86

Exportvoraussetzungen 26
– Finanzierung 27
– Produkt/Produktion 26
– rechtliche Aspekte 27
– Risikobetrachtung 27
– Verpackung 26
– Versand 27
EXW, ab Werk 163

F

Factoring 148
– Finanzierungskosten 149
– Liquiditätsbeschaffung 148
Factoringunternehmen 148
FAS, frei Längsseite Schiff 163
FCA, frei Frachtführer 163
Finanzierungskosten 129
FOB, frei an Bord 164
Forfaitierung 143, 150
– Liquidität 151
Form A 198, 215
Frachtführer 166

G

Garantiebank 154
Garantien 154
Gerichtsstandsvereinbarung 91
Gewährleistungsgarantie 155
GTAI 38

H

Handelsrechnung 174
Handelsvertretervertrag 102
– Alleinvertretung 103
– Ausgleichsanspruch 101
– Entschädigungsanspruch 102
– Exklusivverträge 103
– Garantieprovision 101
– Gebietsschutz 101
– Kreditwürdigkeit 103
– Kundenschutz 101
– Mindestumsatz 104

Stichwortverzeichnis

– Mustervertrag 100
– Neukundenakquisition 101
– Recht 102
– Vertragsdauer 104
– Vertragsgebiet 103
– Vertragsparteien 103
– Vertragsprodukt 102
– Wettbewerbsabreden 105
– zwingende Bestimmungen 103
Händler/Wiederverkäufer 107
Händler-/Wiederverkäufervertrag 108
– Eigentumsvorbehalt 109
– Entschädigungsanspruch 109
– Kundendienst 109
– Preisgestaltung 108
– Verkaufsförderung 108
– Vertragsgebiet 108
– Vertragsgegenstand 108
– Vertragsparteien 108
– Werbung 109
höhere Gewalt 87

I

ICC 40
IHKs 38
Importbeschränkungen 86
Importbestimmungen anderer Staaten 171
Importe aus Entwicklungsländern 198
INCOTERMS 2010 81, 161
– Fremdkostenanteil 170
– Preisverhandlungen 169
– Verhandlungsbasis 170
indirekter Export 54
– Vorteile und Nachteile 55
Informationsbeschaffung
– Fachverlage 40
– Rahmenbedingungen 35
Informationsstellen 38
– AUMA 39
– ausländische Handelskammern 38
– Auslandshandelskammern 38
– Botschaften 39

– GTAI 38
– Handwerkskammern 40
– ICC 40
– Industrie- und Handelskammern 38
– internationale Handelskammern 40
– Kreditinstitute 40
– Ländervereine 39
– Speditionen 40
– Verbände 39
innerbetriebliche Voraussetzungen für Export 21
– Finanzen 22
– Forschung und Entwicklung 22
– Marketing und Vertrieb 22
– Organisation 23
– Personal 23
– Produkt 21
– Produktion 21
institutionelle Schiedsgerichte 93
Internetadressen für das Auslandsgeschäft 223 ff.

J

Joint Venture 55, 110
Joint-Venture-Vertrag 110

K

Kalkulationsaufschlag 123
kaufmännisches Bestätigungsschreiben 83
Kaufpreis 86
Kaufvertrag 85
Konnossementsgarantie 156
Konsulatsfaktura 175
Kosten
– Forderungssicherung 127
– Verhandlungsmarge 127
– Währungssicherung 127
– Zahlungsabwicklung 127
– Zertifizierung 127
Kostenübergang 161
Kreditanstalt für Wiederaufbau 220
Kreditinstitute 40

Stichwortverzeichnis

Kultur 44
KuM 179
Kundendienst 14
Kurssicherungsgeschäft 81

L

L/C 139
Länderrisiko 139
Ländervereine 39
Langzeit-Lieferantenerklärung (LLE) 199
Lebensstandard 44
Legalisierung 171, 194
Letter of Credit 139
Liefer-/Leistungsgarantie 155
Lieferantenerklärung 199
Lieferbedingungen 81, 86
Lieferkonditionen 119
Lieferpreise 81
Lieferzeiten 81
Lieferzeitpunkt 87
Lizenzgeber 113
Lizenzgebühr 113
Lizenzprodukte 113
Lizenzvergabe 55
Lizenzvertrag 113
– Pflichten des Lizenzgebers 114
– Pflichten des Lizenznehmers 114

M

Market-Access-Datenbank 181
Marketing
– Distribution 48
– Kommunikation 47
– Preis und Konditionen 47
– Produkt und Programm 47
Marketingplan 15
Marktauswahl 42
– Bedarf 42
– Eigenarten 42
– Exportfördermaßnahmen 42
– Konkurrenz 42
– Produkt 42
– Vertriebswege 42
Mentalität 44
Messeförderungsprogramme 218

N

Nachrichtenübermittlungssystem SWIFT 140
nichtpräferenzieller Ursprung 188, 190

O

offene Rechnung 130
offenes Zahlungsziel 132

P

präferenzieller Ursprung 188 f., 191
Präferenznachweise 196
Preisverhandlungen 169
Produktanforderung 49
– Anpassungen 49
– Elektrogeräte 50
– Etikettierung 51
– Fahrzeuge 51
– Kleidung 50
– Maschinen 50
– Nahrungsmittel 50
– pharmazeutische Produkte 51
– Prospekte, Bedienungsanleitungen 51
– Verpackung 51
Produktanpassungen 81
Produktbeschreibungen 81
Produkthaftungsrisiko 87
Produktionskapazitäten 81
Produktlebenszyklus 17
Pro-forma-Rechnung 175

Q

Qualifikation der Exportmitarbeiter 24

R

Rahmenbedingungen
– EU-Handelsabkommen 36
– geografische 35
– politische 35
– rechtliche 35
– soziokulturelle 35
– vertriebsbezogene 36
– wirtschaftliche 35
registrierter Ausführer (REX) 215
Reisender 58
Reklamation
– Ersatzlieferung 160
– Rücktransportkosten 160
Reklamationsbearbeitung 160
REX 215
Risikoabsicherung
– Abnahmerisiko 75
– Absatzrisiko 75
– Abwicklungsrisiko 75
– Ausfuhrrisiko 74
– Fabrikationsrisiko 73
– Kursrisiko 74
– nicht abwälzbare Risiken 75
– politisches Risiko 74
– Preisrisiko 75
– Transportrisiko 74
– wirtschaftliches Risiko 74
Risikobegrenzung 73
Risikoübergang 161

S

Schiedsgericht 87
Schiedsklauseln 95
Schulung
– firmenspezifisch 65
– marktspezifisch 65
– produktspezifisch 65
– verkaufpezifisch 66
Sicherungsinstrumente 89
Situationsanalyse 18
Skonto 138

Solawechsel 135
Sonderanfertigungen 81
Spediteurdokumente 125
Speditionen 40
staatliche Risikoabsicherung 218
SWIFT 140
SWOT-Analyse 19
Systematik bei Exportgeschäften 32
– Vorbereitung und Abwicklung 34

T

Teillieferungen 87
Top-Internetadressen für das Auslandsgeschäft 223
Trade Terms 165
Transportdokumente 119
Transportversicherung 119

U

Überbeglaubigung 194
Übernahmebescheinigung 166
Überweisung 134
Unionszollkodex 188, 199
UN-Kaufrecht (CISG) 98
UN-Kaufrechtsabkommen
– Vertragsstaaten 99
UN-Übereinkommens über die Anerkennung und Vollstreckung ausländischer Schiedssprüche
– Vertragsstaaten 92 f.
Ursprungserklärung 190
Ursprungsnachweis 190
Ursprungsregeln 190
Ursprungszeugnis 171, 188, 193
Ursprungszeugnis Form A 198, 215
USP (Alleinstellungsmerkmal) 29

V

Vermittlungstätigkeit 100
Versandverfahren 186

Stichwortverzeichnis

Vertragssprache 87
Vertriebsformen 54
Vorauskasse 132, 137 f., 143
Vorauszahlung 129, 133

W

Warenmarkierung Made in ... 188
Warenursprung 188
Warenverkehr in der EU 207
Warenverkehr mit Drittländern
– Ausfuhr 178
– Einfuhr 211
Warenverkehrsbescheinigung EUR.1 191
Wechsel 146
– Forderungsabsicherung 147
Wechseleinlösungsgarantie 156

Wechselzahlung 135
Wiederverkäufer 63, 107
– Nachteile 63
– Vorteile 63
Wirtschaftskammer Österreich 93

Z

Zahlungsbedingungen 81, 87, 129
Zahlungsgarantie 156
Zahlungsrisiko 129
Zielsetzung für Export 16
– qualitativ 16 f.
– quantitativ 17
Zinsvorteil 138
Zollfaktura 175
zugelassener Ausführer 185
Zulassungsvorschriften 86

Außenwirtschaft

Der praktische Leitfaden vermittelt alle notwendigen Schritte für das erfolgreiche Exportgeschäft!

NEU!

Brenner · Reckel · Langenhagen

Erfolgreich exportieren

Richtig vorbereitet ins Exportgeschäft: Wie Sie Auslandsgeschäfte in der Praxis erfolgreich vorbereiten, abschließen und durchführen

ISBN 978-3-8462-0548-8

4., vollständig überarbeitete Auflage, 2017, ca. 400 Seiten, 16,5 x 24,4 cm, Buch (Softcover), 48,00 €

Erscheinungstermin: Juni 2017

Kaum ein Unternehmen kann es sich heute noch leisten, nicht „global aufgestellt" zu sein. Eine Ausweitung der Absatzmärkte sichert Unternehmen und Arbeitsplätze.

Doch: Wirtschaftliches Engagement auf ausländischen Märkten erfordert von Exporteuren und Exporteinsteigern praxisorientiertes Wissen zum Auslandsgeschäft.

Der Praxisleitfaden „Erfolgreich exportieren" vermittelt in chronologischer Reihenfolge das wesentliche Know-how zur erfolgreichen Vorbereitung, Abschluss und Durchführung von Exportgeschäften. Zahlreiche Schaubilder und Praxistipps erläutern praxisnah, welche Punkte Sie bei den einzelnen Planungs- und Durchführungsschritten beachten sollten und machen auf mögliche Fallstricke aufmerksam.

AUTORENINFO

Hatto Brenner ist selbstständiger Berater und geschäftsführender Gesellschafter der AWI International Business Services GmbH.

Wolfgang Reckel ist Referent für Zoll- und Außenwirtschaftsrecht bei der IHK Chemnitz.

Antita Langenhagen ist als freie Beraterin tätig. Sie war 20 Jahre Referentin für Außenwirtschafts- und Zollrecht, Bescheinigungsdienst, Carnets und Formulare bei der IHK Halle-Dessau.

IHRE VORTEILE

- Erlernen Sie die Erfolgskriterien für Exportgeschäfte
- Erfahren Sie alle notwendigen Schritte bei Anbahnung, Abschluss und Durchführung von Exportgeschäften
- Profitieren Sie durch wertvolles Praxis-Know-how und die Tipps von Experten

AUS DEM INHALT

- Auswahl von und Zusammenarbeit mit ausländischen Vertriebspartnern
- Auslandskunden auffinden, ansprechen und gewinnen
- Das Exportangebot und seine Bestandteile
- Rechtsfragen bei Vertragsabschluss und Vertrag
- EU-Intra-Handel und die Ausfuhr in Drittländer
- Das Ausfuhrverfahren mittels AES

AW-Newsletter
Monatlich kostenlose Infos unter
→ www.aw-portal.de/newsletter

Jetzt versandkostenfrei (deutschlandweit) bestellen:

shop.bundesanzeiger-verlag.de/0548-8

Bestell-Hotline: 02 21/9 76 68-173/-357
E-Mail: aussenwirtschaft@bundesanzeiger.de
Fax: 02 21/9 76 68-232 · in jeder Fachbuchhandlung